EL GRAN VACÍO

GUESHE TASHI TSERING
Fundamentos del Pensamiento Budista

PRÓLOGO DE LAMA ZOPA RIMPOCHÉ

Redactado por Gordon Mc Dougall

Ediciones Amara. Ciutadella de Menorca

Título original: *Emptiness*
Publicado por cortesía de Wisdom Publications.

Ediciones Amara. Ciutadella de Menorca

Publicado por vez primera en 2010.
por Ediciones Amara

2009 © Gueshe Tashi Tsering and Jamyang Buddhist Centre
2010 © Por Ediciones Amara
2010 © de la traducción: Carlos Ossés
2010 © Coordinador de la traducción: Isidro Gordi

Diseño de la portada: © Federica Mahieu

ISBN de la obra: 978-84-95094-37-7
Depósito Legal: B. 13.050-2010
Talleres Gráficos Vigor, S.A.
08980 Sant Feliu de Llobregat (Barcelona)

CONTENIDO

PRÓLOGO

El mensaje de Buda es universal. Todos nosotros buscamos la felicidad pero fracasamos en esta búsqueda porque de alguna manera la hacemos de forma equivocada. Sólo cuando empezamos a valorar a los demás la verdadera felicidad comienza a crecer dentro de nosotros, y en este sentido las verdaderas enseñanzas de Buda son enseñanzas de compasión y de ética, junto con la sabiduría de comprender la naturaleza de la realidad. Las enseñanzas de Buda contienen todo lo que se necesita para eliminar el sufrimiento y para hacer que la vida sea verdaderamente valiosa, y como tal estas enseñanzas no sólo son relevantes en el mundo de hoy sino que además son vitales.

Éste es el mensaje que dio mi valioso Maestro, Lama Thubten Yeshe a sus estudiantes occidentales. Su visión de presentar el Dharma de forma accesible y relevante para todos continúa desarrollándose. Su organización, la Fundación para la Preservación de la Tradición Mahayana (FPMT), ahora tiene centros por todo el mundo, y su trabajo tiene continuación en muchos de sus alumnos.

Los Fundamentos del Pensamiento Budista, desarrollado por Gueshe Tashi Tsering, es uno de los cursos centrales del programa de educación integral de la FPMT. La esencia de la filosofía budista tibetana la podemos encontrar en sus seis materias. *Los Fundamentos del Pensamiento Budista* es una base perfecta para poder realizar un estudio más afondo del budismo, al igual que una herramienta para transformar nuestra vida diaria.

Gueshe Tashi ha sido el Maestro residente del Centro Budista Jamyang en Londres desde 1994. Ha sido de gran ayuda a la hora de proporcionar una guía a los estudiantes de allí y de otros centros en los que enseña. Además, su profunda sabiduría –él es un Lharampa Gueshe, el grado más alto de cualificación educacional de nuestra cultura– su

excelente inglés y su profundo conocimiento de los estudiantes occidentales, hace que sea capaz de presentar el Dharma
de una forma accesible y relevante. Su sabiduría, compasión
y sentido del humor se combinan con un genuino talento
para la enseñanza. Dentro de los seis libros que componen
los *Fundamentos del Pensamiento Budista* encontrarás una
combinación del entendimiento profundo y consejos sabios
que pueden guiar tanto al practicante novato como al más
experto en el sendero espiritual.

Tanto si lees este libro por curiosidad o lo haces como
parte de tu sendero espiritual, sinceramente espero que lo
encuentres beneficioso y que te haga encontrar la forma de
abrir tu corazón y de desarrollar tu sabiduría.

Lama Zopa Rimpoché
Director Espiritual
Fundación para la Preservación de la Tradición Mahayana

PREFACIO

En este libro he intentado explicar cómo podemos cultivar dentro de nosotros el entendimiento de la realidad última de cómo existen las cosas y los acontecimientos, basado en mi limitada experiencia y conocimiento del vacío. El libro en sí no ofrece una guía de comprensión exhaustiva de las enseñanzas más esotéricas sobre el vacío, sino que más bien está dirigido a los principiantes que desean adquirir un pequeño conocimiento sobre esta materia, materia que es muy importante para todos aquellos que emprenden el camino budista de una forma seria.

Buda introdujo el concepto de "vacío" al comienzo de su carrera como Maestro. El camino que conduce al cese de todo sufrimiento, la cuarta noble verdad, es en esencia el noble óctuplo sendero, y dentro de este camino está la visión correcta. Aunque podemos interpretar la visión correcta de muchas formas diferentes, incluyendo muchos niveles de sutileza, en el budismo mahayana se tiene claro que el nivel más profundo de visión correcta es la comprensión de la ausencia de existencia propia o intrínseca, o vacío. También tienen claro que, junto con la compasión, desarrollar un conocimiento del vacío es vital para todo aquel que siga el camino hacia la Iluminación.

¿Por qué es tan importante el vacío? Porque nosotros que estamos amarrados a una existencia no Iluminada necesitamos tener una comprensión experiencial del vacío para poder ser libres. Por culpa de los engaños y del karma, estamos envueltos en una vorágine sin fin de nacimiento, envejecimiento, enfermedad y muerte, y somos prácticamente incapaces de romper este círculo vicioso. La raíz de ese proceso es la ignorancia fundamental, y siempre estaremos encadenados a esta existencia no Iluminada hasta que la erradiquemos. Lo contrario a esta mala interpretación básica que hacemos de nuestra experiencia es la sabiduría que nos hace comprender la naturaleza de la realidad en el nivel más profundo. La forma de existencia primordial de todos los fenómenos del universo es que carecen de realidad intrínseca o propia, la que nuestra ignorancia les adscribe de forma instintiva. Y sólo la sabiduría que comprende el vacío o vacuidad tiene la plena capacidad de contrarrestar esa ignorancia que nos tiene atrapados en la existencia cíclica. En este contexto, la comprensión del vacío es vital.

En *La Forma de Vida del Bodhisatva*, el gran Maestro indio Shantideva comienza el capítulo de la sabiduría de esta forma:

Todas estas prácticas fueron enseñadas
Por el Poderoso por el bien de la sabiduría.
Por lo tanto, aquellos que deseen apaciguar el sufrimiento
Deberían generar esta sabiduría.[1]

Estos versos nos revelan la importancia de desarrollar un entendimiento del vacío. Por lo tanto en este libro he intentado utilizar todo el conocimiento y experiencia, aunque limitados, que tengo sobre el tema para explicar cómo conseguir la perfección de la sabiduría.

Este libro está ligado al segundo libro de la serie *Fundamentos del Pensamiento Budista: Nada es lo que parece/Verdad relativa, Verdad Absoluta*. Las dos verdades son la realidad convencional y la absoluta, y aunque hablaba de las dos, me centré más en la realidad relativa o convencional. Deliberadamente guardé el debate sobre la verdad absoluta para este libro.

El Vacío también está ligado con el cuarto de esta serie, *La Mente del Despertar*. La mente del despertar es la bodhichita, la mente que busca la Iluminación para liberar a todos los seres. Es una mente que está llena de una enorme compasión, y por eso, percibe que necesitamos la Iluminación para servir mejor a los demás. *Esto* requiere una completa comprensión experiencial del vacío.

Como dice el gran Maestros indio Chandrakirti, para conseguir la Iluminación necesitamos dos alas: el método y la sabiduría, al igual que un pájaro necesita sus dos alas. *La Mente del Despertar* trata de cómo desarrollar el amor, la compasión, la bodhichita, y otras mentes vitales como la paciencia, la ética, etc. —el aspecto del método en la práctica. Este libro trata la otra "ala," la sabiduría del vacío. De la misma forma que un pájaro necesita las dos alas para poder volar, nosotros, que buscamos el despertar, necesitamos tanto el método como la sabiduría.

Me siento abrumado. Tantos grandes Maestros han enseñado sobre el vacío; se han escrito tantos libros importantes; tenemos más de dos mil años de sabiduría que nos muestran cómo desarrollar la mente más importante, y yo, con tan poco conocimiento, aún añado otro libro más sobre la misma materia. Y aun así, todavía pienso que puede ser muy beneficioso. Creo que hay un abismo entre las explicaciones extremadamente simplistas disponibles sobre el vacío, y los textos profundos y difíciles de entender de los grandes Maestros. Creo que este libro ayudará a cubrir ese hueco. Mi motivación es sincera, y espero de corazón que lo que he escrito aquí pueda ayudar a aquellos, que como yo, están en el comienzo de la búsqueda de una comprensión elevada de la naturaleza de este universo en el que vivimos. También espero que, partiendo de este principio, continúen y estudien los grandes textos, que mediten sobre el vacío, la más importante de todas las materias, y que lleguen en el futuro a tener una comprensión experiencial del vacío. Si ocurre esto, entonces el haber hecho este libro habrá merecido la pena.

PREFACIO DEL REDACTOR

Vacío, ausencia de existencia propia o intrínseca, vacuidad, shunyata —son muchos los términos que se usan al tratar el aspecto de la sabiduría en las enseñanzas de Buda. Son tan sutiles que es fácil perderse entre los argumentos esotéricos y es fácil olvidar lo relevantes que son para nosotros, especialmente en estos tiempos de crisis. Gueshe Tashi no está usando ninguna hipérbole al decir que Buda era "verdaderamente revolucionario" cuando proponía que los fenómenos "carecían de existencia propia."

La ausencia de realidad propia o intrínseca parece una extraña característica para colgarle a todo un mundo de sufrimiento, pero el hecho es que no somos capaces de ver esto como la causa de todo. Normalmente vemos las cosas como objetivamente sólidas y sin causas, aunque lógicamente si lo investigamos podemos ver que no es así. De aquí surgen el apego y la aversión. Por lo tanto, la comprensión del vacío no es un juguete del filósofo, sino una herramienta vital para superar el sufrimiento.

Este conocimiento no llega de forma inmediata. De hecho, para muchos de nosotros, aun nos queda un trecho para alcanzar este conocimiento. Personalmente, cada vez que abría un libro sobre el vacío me quedaba dormido en la primera página; cada vez que me sentaba frente a un gran Maestro, me ocurría a los cinco minutos. ¡Os lo aseguro! Pero con perseverancia ahora puedo mantenerme despierto bastante bien. El siguiente paso es comprender lo que nos están diciendo.

Mediante la perseverancia podremos absorber los contenidos. Y mediante el convencimiento de la importancia de comprender el vacío podremos desarrollar la voluntad de superar los obstáculos. Afortunadamente, no necesitamos un conocimiento profundo del vacío para poder beneficiarnos. Solo con soltar ese sentido de realidad concreta notaremos el beneficio. El hecho de ser flexible en cuanto a las consecuencias de cuando algo se desmorona nos ayuda bastante. Si ponemos en práctica esta materia, se producirán cambios profundos en nosotros, aunque podrían tardar en manifestarse.

A mí me recordaron la importancia de desarrollar este conocimiento del vacío en un congreso sobre el cambio climático que tuve no hace mucho tiempo. El mensaje era "el cambio está sobre nosotros," y los que más sufren serán los que se aferran a los antiguos senderos. Con la aparición del combustible caro, el gran incremento de la población, y la aceleración del cambio climático, nadie puede negar la necesidad de acometer un cambio y de trabajar sobre él. Y aun así, si no vemos que la realidad concreta que instintivamente adscribimos a las cosas nos está atando al sufrimiento y la decepción, será muy difícil que veamos desaparecer esta vida de consumo exagerado y lujo comparativo. Para alguien que posea un buen entendimiento del vacío esto sería mucho más fácil.

Y por eso, necesitamos saber. Y necesitamos personas cualificadas que nos puedan ofrecer las maravillas de los grandes Maestros budistas de una forma que podamos entenderlas. Creo que estarás de acuerdo conmigo, si has leído algún otro libro de esta serie, en que Gueshe Tashi es esa persona. No sólo tiene un profundo conocimiento de la materia por los muchos años de estudio, sino que además tiene la capacidad de expresarlo en un lenguaje claro y accesible. Más aún, tiene un talento natural para emitir el Dharma de una forma vívida, inspiradora y muy relevante.

Gueshe Tashi nació en Purang, Tíbet, en 1958, un año después escapó con sus padres a la India. A los trece años ingresó en la Universidad Monástica Sera Mey, y pasó los siguientes dieciséis años trabajando para conseguir el título de "gueshe", graduándose como Lharampa Gueshe, el grado más alto.

Después de un año en el Highest Tantric College (Gyuto), Gueshe-la comenzó su carrera como profesor en el monasterio de Kopan cerca de Katmandú, el principal monasterio de la Fundación para la Preservación de la Tradición Mahayana (FPMT). Después, Gueshe Tashi, se trasladó al Gandhi Foundation College en Nagpur, y fue entonces cuando el director espiritual de la FPMT, el Lama Thubten Zopa Rimpoché, le pidió que fuera a enseñar a occidente. Después de dos años en el monasterio de Nalanda en Francia, se convirtió en el profesor residente del centro budista Jamyang de Londres en 1994.

Al principio de su carrera como profesor en este centro observó que el aprendizaje pasivo basado en los textos, normalmente asociado con las enseñanzas budistas tibetanas de los centros occidentales, fracasaba a menudo a la hora de conectar con los estudiantes de forma significativa. En un esfuerzo por proporcionar una alternativa a este método tradicional de enseñanza, a la vez que daba a sus estudiantes una visión general sólida del budismo, ideó un programa de estudios de dos años que consistía en seis módulos que a su vez incorporaban los métodos pedagógicos de occidente. Como ya he dicho, este libro surge de la segunda parte de este programa, *Fundamentos del Pensamiento Budista*.

Al igual que con los otros libros de esta serie, mucha gente está involucrada en el desarrollo de este volumen, y me gustaría agradecérselo a todos ellos. También me gustaría ofrecer mi más profundo agradecimiento a Lama Zopa Rimpoché, director de la FPMT e inspiración para la creación de los programas de estudio a los que pertenece *Fundamentos del Pensamiento Budista*.

1. LA REVOLUCIÓN DE LA AUSENCIA DE EXISTENCIA INTRÍNSECA

LA SINGULARIDAD DEL CONCEPTO DE BUDA SOBRE LA AUSENCIA DE EXISTENCIA INTRÍNSECA

Hace dos mil quinientos años, la filosofía florecía en la India, y las enseñanzas de Gautama Buda estaban entre otras muchas. El budismo como tal no existía todavía, y las ideas de Buda eran una parte del popurrí de pensamientos que circulaban por La India.

De alguna forma las enseñanzas de Buda se fueron conformando y desarrollando a partir de las líneas ortodoxas de razonamiento del brahmanismo que imperaba en la época, lo cual más adelante desembocaría en el hinduismo, y también de otros movimientos religiosos que surgieron en relación con el brahmanismo ortodoxo o en su contra, como los movimientos upanishad, jainista o shramana. En particular, el budismo tiene mucho en común con el jainismo. Pero muchos conceptos eran compartidos por la mayoría de los movimientos de la época: la ley de causa y efecto (*karma*), la existencia cíclica (*samsara*), la Liberación (*moksha*), al igual que las líneas directivas para el desarrollo de la ética y la concentración. Si estudiamos los textos indios no budistas sobre estos temas, encontraremos pocas diferencias en la esencia de las enseñanzas. El público general de la India sentía, como sigue haciéndolo ahora, que el budismo era una parte de todo este conglomerado.

Sin embargo, hay un área donde el budismo se desmarca drásticamente del pensamiento establecido, y supone una verdadera revolución. Incluso hoy en día sostener este punto de vista supone ser radical. Estamos hablando de la idea de la ausencia de existencia propia, intrínseca o inherente.

El modo en que circulamos por la existencia se explicaba tanto en los textos del jainismo como en los del brahmanismo. Debido al karma estamos encerrados en una espiral de nacimiento, envejecimiento, enfermedad y muerte, hasta que finalmente consigamos romperla y alcancemos el *moksha* o Liberación. Buda cuando explicó esto, no estaba explicando nada nuevo.

Sin embargo, *quién* es el que circula por el samsara, es otro asunto. A la mayoría de las filosofías les preocupa quiénes somos. Para las demás filosofías indias, es el *atman*, el alma o el yo, pero Buda declaró que la realidad del yo era el *anatman*, la ausencia de un yo sólido, inherente. Este concepto de la ausencia de existencia intrínseca ha sido el punto de inflexión de la filosofía budista desde entonces, ya se llame *anatman*, no yo, ausencia de existencia intrínseca o vacío. (En general, utilizaré el término "ausencia de existencia inherente, intrínseca o propia" en los primeros capítulos, donde examinamos las fuentes de lo que el budismo tibetano llama la visión definitiva, y cambiaremos a *el vacío* cuando alcancemos las escuelas filosóficas superiores. La diferencia entre los conceptos es muy sutil y es algo que ahora no nos concierne.)

Cuando todos los demás temas del budismo se perciben desde el punto de vista de la ausencia de existencia intrínseca, comienzan a alcanzar una riqueza que les hace verdaderamente budistas. El karma, para un budista, es un concepto ligeramente diferente de la idea de karma del jainismo o del brahmanismo y por lo tanto diferente del hinduismo. Al aplicar el principio de la ausencia de un yo inherente, se infieren nuevas connotaciones que nos acercan a conseguir la Liberación que buscamos.

El hecho de ver esta cualidad única en las enseñanzas de Buda me ha inspirado en mi viaje espiritual. No debemos pensar que el budismo es superior a las otras filosofías no budistas, sin embargo, si estas enseñanzas encajan en nuestra disposición, pueden marcar la diferencia en la forma en que vemos el mundo.

LA IMPORTANCIA DE LA AUSENCIA DE EXISTENCIA INTRÍNSECA

Todas las religiones y filosofías están diseñadas para ayudarnos a superar nuestros problemas. Las técnicas que se usaban en las antiguas religiones indias no budistas eran muy efectivas en esto. Percibían cómo surgían nuestras mentes aflictivas de tres principales fuentes, el apego, la aversión y la ignorancia, y comenzaron a establecer formas de eliminar estos venenos. El arte de la concentración, en particular, se desarrolló en la India. El hinduismo ofrece una guía completa para desarrollar una mente concentrada, e incluye todos aquellos pasos reconocidos por el budismo como necesarios para conseguir la concentración completa. Al alcanzar por completo *shamatha*, así se le llama a la completa concentración, habremos recorrido un gran trecho hacia la reducción y eliminación temporal del apego y la aversión.

Pero ten en cuenta una salvedad. Al desarrollar la concentración destruimos *casi* por completo nuestro profundamente asentado apego y aversión, pero no lo destruimos del todo. Hasta que no eliminamos por completo las semillas del apego, la aversión y la ignorancia de nuestra corriente mental, éstas podrían volver a reactivarse y crecer, y entonces tendríamos que volver a empezar. Buda era consciente de que no bastaba con eliminar las mentes negativas manifiestas si realmente queríamos librarnos por completo del sufrimiento y de sus causas. No importa lo efectiva que pueda ser la concentración al tratar con los engaños más evidentes, lo cierto es que no tiene la capacidad de destruir la raíz. Es como un sistema en escala, cuanta más concentración menos engaños, cuanta menos concentración más engaños. Como la concentración es algo que va y viene, lo mismo ocurre con los engaños. Pero a la larga, si nos falta la comprensión del vacío, los engaños terminarán ganando.

Tenemos que investigar esto nosotros mismos. Afortunadamente, si investigamos esto en profundidad veremos que cualquiera que busque la eliminación total de todo sufrimiento y sus causas debe cortar de raíz estos tres venenos. Para esto se necesita la comprensión total de cómo existen las cosas, o lo que es lo mismo "el vacío."

Habitualmente percibimos las cosas como algo que tiene una existencia intrínseca, cuando en realidad carecen de ella. Vemos una silla y parece exactamente eso. Existe en sí misma y por sí misma, completamente independiente de unas causas y de otros factores, separada por completo del mundo en el que existe y de la mente que la capta. Esta mala interpretación de la naturaleza de las cosas y acontecimientos es la causa de nuestro sufrimiento, porque debido a esta ignorancia somos más propensos a desarrollar el apego y la aversión. Mientras haya el más mínimo sentido de que las cosas —especialmente nuestro propio sentido del yo— existen de forma independiente y concreta, nos aferraremos a ese estado de separación. Cuando algo fortalece este sentido de un "yo" sólido, desarrollamos apego por él, y al contrario, cuando algo amenaza ese sentido de solidez, desarrollamos aversión hacia ello. Por eso necesitamos una comprensión clara y profunda del vacío si queremos alcanzar verdaderamente la eliminación de todo nuestro sufrimiento.

Por lo tanto, podríamos preguntarnos si el budismo alcanza una verdad que otras filosofías indias no alcanzan. En el brahmanismo se enseña que mi karma es mi propia responsabilidad; las acciones que realicé en el pasado determinan lo que estoy experimentando ahora, y las acciones que realizo ahora determinan lo que voy a experimentar en el futuro. El brahmanismo no difiere del budismo en lo que es la presentación del karma. La diferencia está en que, según el brahmanismo, el "yo" —la persona que crea la causa o experimenta el resultado— tiene una "naturaleza de Brahma." Este *atman* que todos poseemos es Brahma por naturaleza. No es que Brahma controle todo y nosotros carezcamos de poder alguno, pero esta esencia de Brahma que está en nuestro núcleo, es algo eterno e inalterable que pasa de una vida a otra.

El budismo rechaza este *atman*. Este sentido de identidad no es más que una etiqueta colocada sobre la siempre cambiante agrupación de cuerpo y mente. Sin una comprensión profunda de ambos conceptos –ausencia de existencia intrínseca y karma– podría parecer que hay una contradicción. De hecho, aquellos que creen en un *atman* argumentan que el concepto completo de karma se vendría abajo sin la presencia de una característica personal esencial que continúe a través de las vidas. Éste ha sido el punto de apoyo clave en los debates entre los eruditos budistas y los no budistas.

Lo más probable es que no seas un filósofo brahmán. Los debates entre los brahmanes y los budistas podrían parecer irrelevantes para nosotros aquí y ahora, pero si somos honestos y podemos echar una pequeña mirada a la manera en que nos percibimos a nosotros mismos, probablemente veremos que hay algo en lo que hemos visto a lo que llamamos "el yo", que consideramos permanente e invariable. De forma consciente o inconsciente tenemos una visión del mundo formada por nuestro entorno, nuestra cultura y posiblemente por nuestra religión (o por los ecos de esa religión que queramos o no todavía impregnan nuestra sociedad). Ya sea influido por el cristianismo, el judaísmo, el islamismo o por cualquier otra filosofía religiosa o secular, la mayoría de nosotros vivimos con un sentido del yo separado de los componentes de cuerpo y mente. De acuerdo con las afirmaciones del budismo, este sentido de un yo independiente y permanente es totalmente erróneo. Es importante comprender estos diferentes conceptos del yo, y lo veremos con más detenimiento en el capítulo tres.

La ausencia de existencia propia o intrínseca en los Sutras

¿CREÓ BUDA EL CONCEPTO DE LA AUSENCIA DE EXISTENCIA INTRÍNSECA?

Tanto Buda como los posteriores Maestros budistas han argumentado que sin una comprensión experiencial de la ausencia de la existencia intrínseca o del vacío es imposible superar por completo el sufrimiento y sus orígenes. La ausencia de existencia intrínseca es la herramienta vital para conseguir la felicidad absoluta. ¿Es por lo tanto algún tipo de concepto divino, introducido por Buda y convertido en sagrado mediante la veneración de sus poderes? ¿Es algo a lo que tenemos que rendir pleitesía por ser una invención de Buda para nuestra Liberación? La respuesta es no. El concepto de ausencia de existencia intrínseca no es sagrado ni tampoco es un concepto nuevo creado por Buda o por los Maestros budistas. Hay muchas referencias en los sutras y en las shastras que afirman que la ausencia de la existencia intrínseca es una condición natural de cualquier fenómeno. El Sutra *Dasabhumikasutra* (*El Sutra de los Diez Niveles*) dice:

> OH hijo del linaje, el dharmadhatu, la naturaleza de todos los fenómenos es así: tanto si los budas nacen o no, tanto si revelan la verdadera naturaleza de los fenómenos como si no, el dharmadhatu, la realidad de todos los fenómenos, reside en lo que es, en ser la ausencia de existencia verdadera[2].

De forma similar, el gran Maestros indio Chandrakirti, en su *Comentario al Camino Medio (Madhyamakavatara)* dice:

> Tanto si los budas aparecen realmente o no
> El vacío de todas las cosas
> Se explica como la otra entidad[3].

Sin duda, encontrarás muchas referencias de los grandes Maestros sobre la condición natural de la ausencia de existencia intrínseca, ya que es un asunto crucial que hay que tener en cuenta cuando comenzamos a explorar el vacío. *Adorno de la Realización Clara (Abhisamayalamkara)* y *El Continuo Sublime del Mahayana (Uttaratantra)* de Maitreya son claras referencias de cómo el vacío no es un concepto creado por Buda, sino un hecho que él mismo logró llegar a entender. Lo que nosotros percibimos como realidad difiere según el nivel de entendimiento que consigamos, por lo tanto, lo que Buda hizo no fue crear un nuevo término sino darle una nueva profundidad de entendimiento. Él vio que no podríamos liberarnos por completo del sufrimiento hasta que no llegáramos a ese nivel de entendimiento. La ausencia de existencia propia o vacío es la realidad no una creencia doctrinal creada por Buda. En *Adorno de la Realización Clara*, Maitreya dice:

No hay nada que quitar, no hay nada que añadir,
Cualquiera que sea capaz de verlo así será liberado.[4]

Estos versos establecen claramente que cuando alcanzamos el modo final de existencia de las cosas y acontecimientos, no hay nada que se pueda añadir o quitar de esa realidad; simplemente el hecho de comprender la ausencia de existencia intrínseca como tal nos libera del sufrimiento y del dolor. No necesitamos devoción, fe o creer en Buda; sólo necesitamos ser conscientes de cómo existen realmente las cosas. Aunque esto no es nada nuevo creado por Buda, la profundidad de este entendimiento de la realidad es única.

COMPRENDER LA REALIDAD TAL COMO ES

Probablemente una de las cosas más difíciles de hacer es "simplemente" comprender la realidad tal como es. Tenemos en la mente incontables impresiones de esta vida o de otras anteriores que nos predisponen a ver de forma instintiva las cosas y acontecimientos de nuestro mundo como algo que existe de forma verdadera e independiente, de su propio lado. Debido a esa predisposición, a pesar de que la forma final de existencia de los fenómenos –su ausencia de existencia intrínseca o vacío– siempre ha estado ahí, no es tan fácil de verlo ni de comprenderlo.

Para explorar la realidad, debemos utilizar toda nuestra capacidad de discernimiento, aunque en el nivel presente la realidad es tan oscura que debemos confiar en lo que otros nos dicen. Eso no significa que debamos aceptar ciegamente todas las opiniones de los demás, independientemente de lo importantes que puedan ser. Buda dijo esto una vez, a menudo citado por posteriores Maestros:

> OH bhikshus y hombres sabios,
> Al igual que un joyero inspecciona su oro
> Quemando, cortando y frotándolo,
> También tú debes examinar mis palabras antes de aceptarlas.
> Y no, aceptarlas por simple reverencia hacia mí.[5]

El Lama Tsongkhapa hace referencia a esta cita al comienzo de su *Esencia de la Verdadera Elocuencia* (Tib: *Drang-nges legs-bshad snying-po*) para explicar cómo afrontar el entendimiento de la forma final de existencia de los fenómenos. Al igual que un joyero nunca aceptaría un trozo de metal amarillo como si fuera oro sin haberlo examinado minuciosamente, a estas alturas de nuestro viaje no podemos percibir la verdadera realidad de la existencia de los fenómenos simplemente con nuestro propio razonamiento lógico. Necesitamos apoyarnos en otros, y la manera de hacerlo es crucial. Debemos confiar en otros no porque sean famosos o carismáticos, ni tampoco por que sean la cabeza de una religión, sino porque hemos examinado detenidamente sus enseñanzas. Éste es un punto importantísimo. Para comprender el vacío dependemos de gente como Buda o de otros grandes Maestros pero sólo después de haberlos examinado con detenimiento. Cuando descubrimos que no hay errores o engaños en lo que nos están enseñando, entonces podemos seguir su guía.

El segundo paso es seguir esa línea de argumentación hasta las conclusiones finales, hasta que podamos entenderlo por nosotros mismos mediante nuestra percepción directa. En este contexto, las enseñanzas de Mahayana hablan de cuatro puntos clave a la hora de depositar nuestra confianza:

- Confía en las enseñanzas y no en el Maestro.
- Confía en el significado y no en las palabras que lo expresan.
- Confía en el significado definitivo y no en el significado provisional.
- Confía en la sabiduría transcendente de la experiencia profunda y no en el mero conocimiento.[6]

El primer punto, *confiar en las enseñanzas y no en el que enseña*, significa ir más allá de la fama o el carisma del Maestro e investigar la esencia de lo que está enseñando. Esto es importante. Muy a menudo seguimos a Maestros debido a quienes son o a su personalidad, o debido a que alguien nos los ha recomendado. Este no es el camino correcto. Las enseñanzas son lo que realmente importa, no la fachada externa, ni la personalidad del que las presenta.

El segundo punto, *confiar en el significado y no en las palabras*, significa que debemos excavar más profundo e ir más allá del estilo. La manera en que está expresado no es lo importante, no importa la elocuencia o que esté estructurado de forma poética. Lo importante es el significado, la sustancia. Por encima de la forma está el contenido, y eso es lo que necesitamos captar, para poder entender lo que nos están diciendo.

El tercer punto es confiar *en el significado definitivo antes que en el provisional*. Esto es muy importante. Buda enseñaba de acuerdo al nivel de sus estudiantes, y así el alcance de sus enseñanzas se adaptaba a los límites de la disposición de sus estudiantes. Hay diferentes niveles en el camino espiritual, y cada uno de ellos necesita orientación. Algunas enseñanzas son apropiadas para un nivel en un determinado momento. Pero cuando el estudiante pasa a otro nivel, esas enseñanzas podrían dejar de ser apropiadas.

Por lo tanto, muchas enseñanzas de Buda deberían interpretarse de acuerdo a las circunstancias. Necesitamos ir más allá del significado provisional que se encuentra en la superficie hasta alcanzar el significado definitivo que se encuentra debajo. Poder discriminar el significado provisional del definitivo se convierte en algo crucial cuando examinamos las enseñanzas sobre la forma final de existencia de los fenómenos, lo cual desarrollaremos más adelante.

Finalmente, *confiar en la sabiduría transcendente y no en el mero conocimiento*, significa que finalmente necesitamos una percepción directa del vacío —denominada aquí sabiduría trascendente para superar nuestro sufrimiento. El mero conocimiento —nuestro entendimiento conceptual— es importante en ese nivel de comprensión, pero aunque nos puede ayudar a superar muchos engaños, el hecho es que la simple comprensión conceptual nos va a bloquear a la hora de destruir por completo los engaños más sutiles y a la hora de experimentar la Liberación. Por esa razón necesitamos una comprensión directa del vacío.

Echemos un vistazo a las diferencias entre el significado *definitivo* y el significado *provisional* de un texto. Para determinar si un texto es definitivo o provisional, tenemos que dirigirnos a veces a aspectos específicos del contenido del texto y a veces al texto completo. Las enseñanzas de *Akshayamati Sutra (Akshayamatinirdeshasutra)* dicen:

> ¿Cuáles son los sutras de significado definitivo y cuáles los de significado provisional? Aquellos que enseñan para establecer un conocimiento convencional se denominan provisionales, y aquellos que enseñan para establecer un conocimiento último se denominan definitivos. Los sutras que enseñan por medio de diversas palabras y letras son provisionales, y los

que enseñan la profunda realidad, que es muy difícil de comprender, son definitivos.[7]

Según indica este sutra, las enseñanzas de significado provisional son aquellas que enseñan la realidad convencional, como la transitoriedad, la causa y efecto, etc. Se les llama "enseñanzas de significado provisional" porque, aunque muestran una realidad como la temporalidad del cuerpo, esa realidad no es la forma final de existencia; hay una forma de existencia que reside más allá. Son provisionales porque nos ayudan a comprender esa forma final de realidad más que explicárnosla directamente.

Por el contrario, este sutra también nos indica que las enseñanzas de la forma final de existencia —la ausencia de la existencia propia o vacío de todas las cosas y acontecimientos son definitivas, porque ya no cabe la posibilidad de una nueva interpretación a la hora de entender el nivel más profundo de la realidad. ¡Ya hemos llegado!

Además, dentro de las enseñanzas provisionales, hay enseñanzas que podemos aceptar literalmente y hay otras que tenemos que interpretar. Por ejemplo, cuando la primera noble verdad nos habla de *dukkha* —el sufrimiento— se puede aceptar literalmente porque la vida ciertamente tiene *dukkha*. Sin embargo esta explicación es provisional porque no es la forma final de existencia de nuestra vida.

Hay otras enseñanzas provisionales que no hay que tomar de forma literal. Por ejemplo, hay un sutra corto utilizado por Buda para dar una enseñanza a un rey en particular que, sin intención, mató a sus padres. Para ayudarle a salir de la depresión le recitó unos versos que establecían que los padres tienen que ser matados. Esto por supuesto no tendría sentido interpretado de forma literal. El "padre" y la "madre" en este caso se referían al engaño o emoción aflictiva y el karma, el "padre" y la "madre" de todos nuestros sufrimientos; hay que matarlos para poder experimentar la Liberación. Sólo cuando el rey penetró en este sorprendente concepto es cuando comprendió el objetivo de Buda.

De la misma forma, entre las enseñanzas de significado definitivo también hay algunas que se pueden tomar de forma literal y otras que no. El ejemplo más famoso es el Sutra del *Corazón de la Perfección de la Sabiduría*, que establece que "no hay forma, no hay sensación, no hay discernimiento," etc. Si tomas estas palabras al pie de la letra, pueden parecer confusas. Tenemos que verlas en el contexto e interpretar el significado viéndolo como un todo, no quiere decir que por que sean significados definitivos haya que tomar al pie de la letra cada palabra.

LA AUSENCIA DE EXISTENCIA INTRÍNSECA EN LOS TRES GIROS DE LA RUEDA DEL DHARMA

Dentro del budismo tibetano, las enseñanzas definitivas sobre la visión de la ausencia de existencia intrínseca casi siempre se toman de la prasangika, subescuela madhyamaka, porque se considera el punto de vista más profundo y sutil de este concepto. Se han escrito muchos textos sobre la materia, y en el gran debate sobre el significado de "vacío de existencia inherente," las palabras originales de Buda pueden parecer poco más que una simple anotación. Por lo tanto es muy importante verificar la autenticidad de ese punto de vista remontándonos desde el Tíbet a la India, y desde los grandes Maestros indios hasta el mismo Sakyamuni Buda.

Tanto la tradición theravada como la mahayana dividen la enseñanza de Buda en lo que ellos llaman "los giros de la rueda del Dharma." Según la tradición mahayana hay tres giros de la rueda, cada una pertenece a un período diferente de la vida de Buda, y cada una dirigida a una audiencia diferente, en un lugar diferente.

Los sutras que pertenecen al primer giro de la rueda del Dharma, como los del canon Pali, hablan de la "ausencia de un yo sólido." No hay ninguna afirmación que diga que las cosas carecen de existencia inherente, y esto deja a los sutras abiertos a la interpretación según el sistema de creencias de la gente que asume que las cosas *tienen* existencia inherente. De la misma forma, los científicos que presentan una tabla básica de elementos atómicos –un átomo de oxígeno, uno de hidrógeno, uno de carbono, etc.– a menudo asumen la existencia inherente de esos átomos. El término *vacío* aparece muy pocas veces en el primer giro, y no tiene el mismo significado que se le atribuye en la escuela prasangika madhyamaka.

La principal delineación del camino hacia la Iluminación es los treinta y siete aspectos, los cuales se agrupan en siete categorías como las cuatro atenciones y el noble óctuplo sendero.[8] Según la tradición mahayana, los sutras del segundo giro de la rueda del Dharma vuelven sobre estos temas y los completan. Sin embargo, el cambio más importante está en la forma en que Buda explica la ausencia de existencia intrínseca, en una compilación de sutras conocidas como *La Perfección de la Sabiduría* (Skt. *Prajnaparamitasutra*). Aquí, se anima a los estudiantes a que expandan el ámbito de su contemplación de la naturaleza del sufrimiento y su origen desde la evidencia palpable del sufrimiento hasta las impresiones o huellas y manifestaciones más sutiles de estos engaños. Los filósofos prasangika usan los sutras de este giro en sus exposiciones del vacío.

Para poder comprender en su totalidad lo que significa el cese del sufrimiento (tercera noble verdad), hace falta comprender el concepto de la ausencia de existencia intrínseca o vacío. En los discursos del primer giro el término cese implica el abandono total del ansia, pero en el *Sutra del Prajnaparamita* ese concepto se refina al incluir una noción de la raíz misma de la existencia cíclica y la teoría del vacío.

Todas las categorías de vacío descritas por Buda –la de veinte, la de dieciséis, la de cuatro y la de dos– tratan del cese total del sufrimiento más que de la teoría del vacío. En el segundo giro de la rueda del Dharma las enseñanzas sobre la verdad del cese son una continuación de las enseñanzas del primer giro; aunque son más detalladas, profundas y complejas.

El tercer giro de la rueda surgió debido a que los discípulos de Buda habían descubierto algunas apreciables contradicciones entre las enseñanzas de los dos primeros giros, sobre todo en el asunto del vacío. Para ser más concreto, los términos del primer giro tienden a decir que las cosas, tales como la forma o la sensación, existen de forma inherente, mientras que las enseñanzas del segundo giro establecen que todo está vacío de existencia inherente. Ante la petición de sus discípulos, Buda demostró que en realidad no había ninguna contradicción.

Hay muchos sutras importantes en el tercer giro, sobre todo *El Sutra de la Esencia del Tathagata (Tathagatagarbhasutra)* que habla sobre la naturaleza de Buda, y *El Sutra que Desenreda el Pensamiento (Samdhinirmocanasutra)* que usan los Maestros de la escuela chitamatra para explicar la manera en que el sujeto y el objeto están vacíos de dualidad.

El Sutra que Desenreda el Pensamiento es el que reconcilia las supuestas contradicciones entre las enseñanzas de los dos primeros giros, sobre todo la de si las cosas existen de forma inherente o no. Buda explica que cada sutra se ha enseñado dependiendo de la disposición y el grado de comprensión de sus discípulos. No es que una sea correcta y la otra no, la diferencia está en el grado de sutileza de la visión.

Hay que ser claros en este punto. *El Sutra de las Cuatro Nobles Verdades* perteneciente al primer giro habla de la *visión correcta* –la comprensión de cómo existen las cosas realmente– lo cual, desde la perspectiva mahayana, se puede explicar en diferentes niveles. Pero ¿de qué nivel de comprensión de la realidad estamos hablando? Lo mismo ocurre con el otro extremo, la ignorancia. Los sutras que pertenecen al primer giro de la rueda del Dharma dicen que la ignorancia es la raíz de nuestro sufrimiento. Nadie puede negar esto, pero ¿en qué consiste realmente esa ignorancia? ¿Qué grado de desconocimiento de la naturaleza del yo hay que tener para que se desarrolle esta raíz? Desde el punto de vista mahayana hay diferentes grados de ignorancia en relación con el yo.

Su Santidad el Dalai Lama ha dicho que cuando meditamos sobre los conceptos que se explican en el *Sutra de Las Cuatro Nobles Verdades* descubrimos que son como una presentación de un plan maestro de toda la doctrina budista. Son los fundamentos sobre los que se sostienen todas las enseñanzas de Buda.

Es muy importante comprender las enseñanzas que da Buda en el primer giro, especialmente las cuatro nobles verdades. Debemos entender también que, aunque parezca que en el primer giro se dice que todas las cosas existen de forma inherente, no hay contradicción entre ésta y la segunda vuelta. Y son estas enseñanzas de la segunda vuelta –las que niegan categóricamente la existencia inherente de las cosas– las que vamos a examinar en nuestra exploración del vacío.

COMENTARIOS QUE TRATAN DEL VACÍO

Mientras que los sutras son las palabras directas de Buda, los shastras son los comentarios que se han escrito sobre ellos. En la tradición mahayana, los Maestros indios y tibetanos escribieron dos tipos de comentarios sobra los *Sutras del Prajnaparamita:*

- comentarios sobre el significado implícito (método).
- comentarios sobre el significado explícito (sabiduría)

Los primeros enfatizan el camino, la estructura y los métodos que están implícitos dentro de los sutras *Prajnaparamita*. Aquí se incluyen trabajos tales como los cinco tratados de Maitreya, incluidos *El Adorno de la Realización Clara (Abhisamayalamkara), El Adorno del Sutra Mahayana (Mahayanasutralamkara)*, y *Bases de la Práctica Meditativa (Yogacarabhumi)* de Asanga. Por otra parte tenemos los comentarios explícitos, ya que el énfasis lo ponen en el vacío de todos los fenómenos encontrado en los *Sutras del Prajnaparamita*, y dentro de éstos están el *Tratado Fundamental sobre el Camino Medio (Madhyamakamulakarika)*, uno de los seis tratados de Nagarjuna; *Cuatrocientas Estrofas (Catuhshataka)* de Aryadeva y su *Autocomentario*; y los textos de Budapalita.

Nagarjuna se considera el principal Maestro de la escuela madhyamaka. Los tibetanos creen que Aryadeva, Budapalita, Bhavaviveka y Chandrakirti eran sus discípulos directos, y desde que se conocen las fechas, algunos eruditos sitúan a Nagarjuna en el siglo quinto o sexto después de Cristo. Otros consideran que es anterior, del siglo segundo o tercero después de Cristo.

Tanto los seguidores de Bhavaviveka como los de Budapalita y Chandrakirti aceptan como válidos los escritos de Nagarjuna y de su hijo espiritual Aryadeva. El trabajo más famoso de Nagarjuna, *La Sabiduría Fundamental del Camino medio (Mulamadhyamakakarika)*, habla de cómo las cosas no existen de esta o aquella forma, sin llegar a usar las palabras "vacío de existencia inherente." Más aún, Nagarjuna y Aryadeva nunca explican de forma explícita la metodología que usan para probar la ausencia de existencia inherente. Por lo tanto no está claro si su razonamiento está basado en silogismos autónomos o en argumentos que conllevan consecuencias, dos formas de argumentación radicalmente diferentes que veremos más adelante. Esta ambigüedad llevó a diferencias en interpretación por parte de los discípulos de Nagarjuna, lo cual fue la causa de la formación de dos subescuelas, svatantrika y prasangika, dentro de la madhyamaka.

Al igual que Nagarjuna, la escuela svatantrika de Bhavaviveka no menciona la ausencia de existencia inherente. Su obra *El Fuego del Razonamiento (Tarkajvala)* incluso critica la idea de Budapalita sobre Nagarjuna.

Chandrakirti defiende a Budapalita, y al mismo tiempo critica la posición de Bhavaviveka, afirmando que cuando Nagarjuna hablaba sobre el vacío se estaba refiriendo al vacío de existencia inherente o intrínseca. Chandrakirti dice claramente en sus textos que los silogismos autónomos –donde los razonamientos se establecen por sí mismos– no tienen poder suficiente para establecer la ausencia de existencia inherente; sólo mediante el razonamiento con consecuencias –donde las afirmaciones se establecen después de atacar mediante la lógica las otras posturas hasta hacerlas caer en el absurdo– los estudiantes podrán entender la forma final de existencia de las cosas y acontecimientos, lo que supone su carencia de existencia inherente o intrínseca. Chandrakirti fue el que introdujo el término *vacío de existencia inherente*, por eso se le considera a él, y no a Budapalita, el fundador de la subescuela prasangika. Después de eso, muchos Maestros tibetanos escribieron comentarios sobre el vacío. Lama Tsongkhapa escribió muchos textos como por ejemplo, *La Esencia de la Elocuencia* (texto que hace una diferenciación entre el significado provisional y el definitivo), *El Océano del Razonamiento* (comentario a la *Sabiduría Fundamental del Camino Medio* de Nagarjuna), *La Elucidación de la Intención* (comentario sobre la *Introducción al Camino Medio [Madhyamakavatara]* de Chandrakirti), y el *Gran Tratado de las Etapas del Sendero a la Iluminación* (Tib. *Lamrim Chenmo*) en el que la sección sobre la visión superior trata también del vacío. En sus comentarios sobre los grandes Maestros indios, Lama Tsongkhapa explica claramente el significado explícito de los sutras *Prajnaparamita*. En *Alabanza a la Relación Dependiente* y en *Los Tres Aspectos Principales del Camino* une de forma clara y sólida la teoría del vacío de Nagarjuna con la teoría de la relación dependiente, mostrando que son lados de la misma moneda.

Hay otros Maestros tibetanos importantes, como Longchen Rabjampa, que escribió deslumbrantes comentarios sobre Nagarjuna y sobre otros Maestros indios, pero para este libro sólo voy a utilizar los textos (la mayoría Guelug) con los que estoy más familiarizado.

Debido a la vida tan ocupada que llevamos en occidente, muy pocos son los que tienen la fortuna de poder estudiar estos textos en detalle, y además nos llevaría mucho tiempo leer todos los sutras y comentarios que existen sobre el vacío. Tenemos que ser selectivos, pero también tenemos que estudiar los más relevantes una y otra vez. Por eso pensé que era importante mencionar estos textos por si acaso estáis interesados en leerlos. Muchos están traducidos al inglés y a otras lenguas.

2. REQUISITOS PARA DESARROLLAR LA COMPRENSIÓN DE LA AUSENCIA DE EXISTENCIA INTRÍNSECA

LA PERFECCIÓN DE LA CONCENTRACIÓN

El canon budista se divide en dos partes, método y sabiduría; la parte del método se centra en los aspectos convencionales de nuestro desarrollo espiritual, como la compasión, la ética, etc., y la parte de la sabiduría se centra en la naturaleza de la realidad. Este libro sobre el vacío tratará la parte de la sabiduría.

A groso modo, los dos aspectos de la práctica se alinean con nuestro desarrollo emocional y con nuestro desarrollo racional y lógico. (Dudo a la hora de usar el término *intelectual,* porque a menudo se equipara con el saber —la adquisición de hechos— y podría suponer un obstáculo para el desarrollo de la sabiduría.)

Estos importantes aspectos de nuestro desarrollo adquieren un nuevo significado cuando se convierten en parte del entrenamiento del bodhisatva, ese ser precioso que ha generado la mente altruista y espontánea de la bodhichita, la mente que aspira a conseguir la Iluminación para liberar a todos los seres del sufrimiento. He tratado este tema en el cuarto libro de *Fundamentos del Pensamiento Budista, La Mente del Despertar.* En este libro examinamos las seis perfecciones, que constituyen el entrenamiento de todo bodhisatva para desarrollar su mente por completo. Las seis perfecciones son:

- generosidad
- paciencia
- ética

- perseverancia o esfuerzo alegre
- concentración
- sabiduría

Cada una de las cinco primeras se convierte en una perfección en dependencia de la última, la sabiduría que comprende el vacío, y ya hemos visto las cuatro primeras en el libro anterior. Antes de pasar a la última –el tema principal de este libro– me gustaría comentar un poco cómo desarrollar la concentración, la importantísima herramienta necesaria para conseguir que la mente se enfoque hasta alcanzar directamente el vacío.

La concentración es un arte común tanto para los meditadores budistas como para los no budistas. De hecho, la práctica de la concentración ya era una característica fundamental de otras filosofías indias de la época de Buda. Por ejemplo, están las técnicas para alcanzar la concentración completa según religiones no budistas como el brahmanismo y el jainismo. La filosofía budista y las filosofías no budistas comparten los cuatro niveles de concentración, las técnicas más elevadas de concentración que están conectadas con el reino sin forma y otros.

Aunque los métodos para desarrollar la concentración no son únicos del budismo, para los budistas la concentración es un medio y no un objetivo en sí. No importa lo placentero que sea, permanecer en concentración sólo merece la pena si lo usamos para desarrollar otras cualidades mentales. De hecho, las enseñanzas de Buda establecen claramente que tener solo concentración, sin comprensión de la ausencia de la existencia intrínseca o sin compasión, seguiríamos cayendo en la existencia cíclica.

Probablemente ya hayas tenido alguna experiencia con la concentración en tus prácticas de meditación. Si no es así, pronto serás consciente de lo necesario que es la concentración en cualquier cosa que hagamos. Estoy seguro de que estarás de acuerdo conmigo en que cuanto más desarrollemos nuestra concentración más fácil será desarrollar cualquier actividad física o mental, desde la habilidad para aprender las materias de una carrera universitaria hasta el desarrollo de la verdadera compasión.

Por eso existen tantos escritos sobre la concentración en el budismo. Sólo desde un nivel muy profundo de concentración conseguiremos que crezca la mayoría de las otras cualidades mentales, como la bodhichitta.

LA PERMANENCIA APACIBLE

La concentración meditativa es el rey que gobierna tu mente. Si puedes quedarte fijo (en un punto), ésta permanece allí, inamovible como el poderoso monte Meru. Si así lo deseas puedes proyectarla sobre cualquier objeto virtuoso que escojas. Ser capaz de mantener tu cuerpo y tu mente atentos en todo momento y bajo tu control te llena de gozo y bienaventuranza. Sabiendo esto, los yoguis del control (mental) se han consagrado a la concentración en un solo punto, lo cual vence a los enemigos de la distracción mental y el hundimiento. Yo, el yogui, he practicado de este modo. Si buscas la Liberación, debes prepararte de esta misma forma.[9]

Lama Tsongkhapa deja clara la importancia de la concentración, por lo tanto lo ideal es descubrir qué es la concentración, qué beneficios tiene, y qué fines persigue. De los muchos tipos de concentración me gustaría usar la permanencia apacible como modelo (Skt. *shamatha*).

¿Qué es la permanencia apacible? Es la capacidad de la mente no sólo para centrarse en un objeto de meditación todo el tiempo necesario, sino también para penetrar en él, en el sentido de determinar el objeto de forma clara, vívida e intensa. Tsongkhapa dice que hay dos aspectos principales en la mente de la permanencia apacible:

- estabilidad no discursiva
- intensidad vívida

No sólo necesitamos permanecer centrados en el objeto durante el tiempo necesario, deliberadamente, enfocada en un solo punto y de forma no discursiva, sino que también necesitamos tener una imagen clara, vívida e intensa. Me temo que ninguno de nosotros ha alcanzado todavía ese nivel. Quizás podemos centrarnos en un objeto durante un período de tiempo, y aunque debemos estar felices de tener esa habilidad, probablemente habrá poca claridad en ello. Y aunque ocasionalmente consigamos alguna claridad, casi seguro que no tendremos intensidad.

La mente que consigue centrarse en un objeto durante el tiempo que desee, sin distracciones o hundimiento, y al mismo tiempo consigue sostener el objeto de forma clara e intensa, alcanzará definitivamente un grado de adaptabilidad o flexibilidad, y esa es la mente de la permanencia apacible. La concentración se puede llevar más lejos aún, pero una vez que hemos conseguido la permanencia apacible podemos decir que hemos desarrollado la adecuada concentración. En este proceso los principales obstáculos están en la posibilidad de la distracción y en el hundimiento; si nos distraemos se bloquea la capacidad de permanecer centrado y enfocado en el objeto, y el hundimiento nos hace perder la posibilidad de tener una visión clara, vívida e intensa. Aprender a sortear estos dos obstáculos es parte del desarrollo de la práctica de la meditación.

CULTIVAR LA PERMANENCIA APACIBLE

Los grandes practicantes dicen que hace falta que se unan muchos factores favorables antes de que se pueda hacer un intento serio de desarrollo de la permanencia apacible. El área en el que vives y deseas practicar tiene que tener ciertas condiciones favorables tales como un fácil acceso a las principales necesidades —comida, agua, ropa, medicinas, etc. No tiene que haber ningún peligro para tu vida o tu salud. Los vecinos que te rodean tienen que ser amigables y respetuosos con lo que estás haciendo, y la zona no debería tener distracciones como ruidos.

También necesitas prepararte mentalmente para la meditación, principalmente disminuyendo el deseo por cosas como la comida, cobijo, ropa, amistades, etc. Todos necesitamos las cosas básicas, y está bien que podamos tenerlas sin gran esfuerzo, pero debemos evitar el fuerte deseo por cosas extravagantes reduciendo el consumo de estas cosas y conformándonos con lo que sea que tengamos.

Estas dos cualidades mentales —reducir el deseo y conformarnos— nos va a ayudar a minimizar las distracciones y nos va a proporcionar más tiempo para meditar. El deseo fuerte nos lleva a pensamientos conceptuales, emociones, y todas esas cosas; eso crea actividades que nos ocupan tiempo, dejándonos menos tiempo para la meditación. El hecho de estar tan ocupados hace que nuestra mente empiece a distraerse cuando estás intentando meditar. La profusión de pensamientos conceptuales constituye un obstáculo para este tipo de meditación. Tener una conducta ética también resulta de gran ayuda. Sin ella aparecerán más obstáculos que traerán más pensamientos conceptuales además de hundimiento y adormecimiento.

Crear todas estas condiciones favorables es tan importante como pasar horas en el cojín de la meditación. Cuando reunimos todas las condiciones favorables el resultado surgirá con facilidad. Hay otras consideraciones a la hora de empezar la sesión de meditación; hay que preparar el lugar donde lo vas a realizar.

Lo mejor es tener luz natural, pero si no puede ser, entonces una luz artificial que sea suficiente y agradable. Me he dado cuenta de que la gente piensa que la luz muy tenue es lo mejor para la meditación, y es cierto que puede sugerir una buena concentración pero también nos puede llevar al embotamiento y a la somnolencia. Claro que demasiada luz puede causar distracciones, pero es preferible a tener demasiada oscuridad. Si lo que vas a hacer es meditación caminando, prepárate para eso también, retirando todo tipo de obstáculos del camino e intentando que la ruta tenga las menos distracciones posibles.

Aunque no importa si te sientas en una silla o en un cojín, tradicionalmente se dice que el asiento debe de ser firme y estable, también confortable pero no demasiado, esto puede hacer que te quedes y aletargado. En un cojín, la espalda debe quedar erguida, lo que significa que la columna debe estar naturalmente recta. La estructura de tu asentamiento debe estar acorde con las necesidades de tu cuerpo, para asegurar que estés estable y arraigado. No voy a entrar en todos los detalles, porque ya hay muchos libros que explican cómo sentarse.

Os recomiendo que antes de comenzar la práctica de la permanencia apacible, leáis la sección *"serenidad meditativa"* del tercer libro del Lama Tsongkhapa *Gran Tratado sobre las Etapas del Sendero a la Iluminación (Lamrim Chenmo)*,[10] la cual explica cómo desarrollar por completo la permanencia apacible. Dice que debemos seguir los consejos de los grandes Maestros como Maitreya o Asanga, porque desarrollar la concentración no es tan sencillo. Nos encontraremos con muchos obstáculos a lo largo del proceso, al principio pueden ser obstáculos burdos pero después irán surgiendo otros más sutiles. Lo importante es comprender cómo son, por qué ocurren y qué es lo que vamos a hacer con ellos. Sobre este asunto el Lama Tsongkhapa dice:

> Sin embargo, los estudiantes capaces de practicar exclusivamente sobre la base de estos textos tradicionales son tan raros de ver como las estrellas durante el día. Por otra parte, aquellos que anteponen las manchas de su falta de entendimiento sólo consiguen un conocimiento superficial y esto quiere decir que las instrucciones por excelencia hay que buscarlas en otra parte. Cuando tengan que comenzar realmente el proceso de alcanzar este tipo de concentración que se explica en los textos, ni siquiera podrán vislumbrar cómo se hace.[11]

Puede parecer desalentador ver cómo indudablemente van a ir surgiendo obstáculos cuando intentemos desarrollar la concentración. La confianza es una cualidad de vital importancia en este caso. Ésta nos llegará cuando percibamos realmente los beneficios de la concentración y cuando percibamos que realmente tenemos el potencial necesario para desarrollarla. El camino hasta alcanzar la permanencia apacible es largo, y por eso tenemos que tener la confianza de que es posible y perseguirlo sin descanso. Podremos llegar si tenemos un fuerte anhelo de conseguirlo, lo cual también llegará mediante la confianza.

Uno de los mayores obstáculos para la concentración es la pereza. Tengo la sospecha, si soís como yo, que podríais escribir un libro con las excusas para no meditar. Los textos tradicionales hacen hincapié en la importancia de superar la pereza, y en cómo se puede contrarrestar con tres cualidades principales: la aspiración, la confianza y su combinación, la perseverancia alegre (la cuarta perfección). Esta perfección a veces se traduce como fe de la confianza, lo cual implica una profunda convicción en las buenas cualidades de la concentración. Si conseguimos desarrollar la completa concentración, entonces podremos alcanzar una enorme sensación de paz y de calma. Más aún, la completa concentración es lo único que nos puede llevar hacia el desarrollo de la compasión hasta el final, y hacia la comprensión de la forma final de existencia del yo y de todos los fenómenos para poder superar los engaños. El resto de mentes fascinantes se desarrollarán a partir de esta mente concentrada, una mente que sí *podemos* conseguir. Ésta es la confianza que precisamos tener.

EL MEJOR OBJETO DE MEDITACIÓN

Todas las mentes han de tener un objeto que percibir, y la mente en meditación no es una excepción. Es importante elegir el objeto más apropiado para la meditación. Los auténticos textos sobre la concentración mencionan muchos objetos posibles que difieren según las diferentes disposiciones mentales de la gente.

Como seres no Iluminados, todos somos iguales a la hora de tener apego, aversión, ignorancia y todo lo demás –la gran hueste de engaños o emociones aflictivas– pero debido a la educación, el trasfondo cultural, la experiencia de anteriores vidas, y otros muchos factores, cada uno tenemos diferentes inclinaciones y diferentes grados de aflicción. Algunos podemos tener un apego más fuerte, otros una ira más fuerte o una mayor ignorancia. Los textos dicen que, de acuerdo con nuestras disposiciones mentales, tenemos que escoger un objeto de meditación que se adapte a nuestra mente. Asanga dice en *Niveles del Oyente (Shravakabhumi)*:

> En este respecto, la gente que está dominada por el apego, la aversión, la ignorancia, el orgullo o la divagación, al principio debería simplemente purificar ese comportamiento mediante la contemplación de los objetos de meditación que puedan purificar ese comportamiento. Después de haber estabilizado sus mentes de esta forma es cuando tienen que determinar el objeto de su meditación. Entonces deben perseverar en el objeto de su meditación.[12]

Por ejemplo, se dice que la gente, cuya inclinación mental predominante es el apego, debería elegir la fealdad como objeto de meditación, y los que tienen la ira como inclinación predominante deberían elegir el amor. La gente dada a la divagación y propensa a las distracciones debería meditar en la respiración. Muchos de nosotros encontraremos fácil el hecho de centrarnos en la respiración –la sensación del aliento en nuestra nariz, el movimiento de nuestro abdomen, la sensación dentro de nuestro cuerpo. Sería provechoso seleccionar estas cosas que están justo aquí y ahora como objetos en los que centrar nuestra mente. Los que somos gente ordinaria hacemos rápidamente una conexión y sentimos que nuestra mente está logrando algo, pero eso no significa que esos objetos de meditación permanezcan útiles durante todo el proceso que nos lleva a la concentración. Cuando la gente me pregunta sobre el desarrollo de la concentración normalmente aconsejo que se utilice, al principio, alguno de estos objetos que están aquí y ahora, como la respiración, para poder alcanzar un cierto grado de estabilidad y de claridad. Una vez que hemos conseguido eso, entonces debemos elegir el objeto determinado por nuestra inclinación mental predominante, para poder contrarrestarla. Esta es la forma más efectiva de superar nuestros problemas.

No voy a entrar en detalles, pero recomiendo que leáis la sección *"serenidad meditativa"* del tercer libro del Lama Tsongkhapa *Gran Tratado de las Etapas del Sendero a la Iluminación*.

En la tradición budista tibetana se recomienda la imagen de Buda como objeto de meditación. Aunque resulta difícil visualizarla de forma clara debido a la complejidad de la imagen, tiene algunas ventajas en otros niveles. Al contrario que con la respiración, el sonido o cosas así, si usamos una imagen de Buda, podemos alcanzar la estabilidad y la claridad. También tenemos la posibilidad de manipular la imagen en nuestra mente para que beneficie nuestra meditación. Podemos cambiar el tamaño, la claridad, la luminosidad, incluso el sentimiento de peso de la imagen. Cuando nuestra meditación empieza a ser tediosa, y empezamos a sufrir desazón mental, podemos visualizar la imagen de Buda con una especial luminosidad. Y al contrario, cuando nuestra mente empieza a vagar y se queda dispersa, podemos visualizar la imagen como más apagada o incluso con más peso de lo normal, de esta manera reconduciremos nuestra mente para poder concentrarnos.

Además, si nuestra mente está acostumbrada a la imagen de Buda, cuando tenemos problemas la imagen nos va a proporcionar una cierta calma y una sensación de gratitud. También sería muy útil tener la imagen de Buda en nuestra mente en el momento de la muerte. Desarrollar una imagen clara de Buda es parte del entrenamiento del *vajrayana*, lo cual requiere un alto grado de capacidad de visualización.

A pesar de las dificultades en visualizar la imagen de Buda, esto produce muchos resultados positivos. Por ejemplo, si aprendemos a hacer esto, la práctica posterior será mucho más fácil, y no sólo me refiero a la práctica de concentración. Por ejemplo, es muy útil refugiarse en Buda, en el Dharma y en la Sangha siendo capaces de mantener una visión clara de la imagen de Buda. Por supuesto que no nos estamos refugiando en la imagen en sí, sino que la usamos como una herramienta de incalculable valor que nos ayuda a acercarnos a un aprecio del verdadero Buda histórico.

ATENCIÓN Y VIGILANCIA

Después de haber encontrado el objeto de meditación, comenzamos la dura tarea de desarrollar la concentración, lo cual, como hemos visto, supone desarrollar las importantísimas cualidades mentales de *estabilidad*, permanecer en el objeto tanto tiempo como queramos; e *intensidad vívida*, sostenerlo de forma clara e intensa, sin ningún atisbo de relajación. Esto nos lleva a la *flexibilidad* y a la sensación que le acompaña de gozo físico y mental.

Para desarrollar esta concentración tenemos que trabajar la *atención* y la *vigilancia*. La función de la atención es desarrollar estabilidad manteniendo nuestra mente en el objeto que hemos elegido, y esto supone un antídoto para la distracción y excitación. Puesto que la función de la vigilancia, a veces traducido como *introspección*, es mantener la imagen del objeto con claridad, es el principal antídoto contra el hundimiento. La combinación de ambas es el mecanismo que necesitamos para desarrollar la estabilidad y la intensidad vívida.

Por supuesto que hay muchos grados de hundimiento y excitación. Con el hundimiento burdo no tendremos energía, no habrá nada en nuestra mente, nos quedamos adormecidos. Con demasiada excitación se produce una divagación mental en la que la mente comienza a ir en varias direcciones. Por otra parte también puede haber grados sutiles de los dos. Estos en particular no son tan fáciles de identificar, especialmente el hundimiento sutil. Sólo seremos capaces de verlos cuando nuestra concentración haya alcanzado un nivel alto y estemos cerca de la verdadera permanencia apacible.

Esto nos lleva de nuevo al énfasis que ponía Tsongkhapa en confiar en las instrucciones de los grandes Maestros. Algunos grados de hundimiento podrían ser tomados, incluso por grandes practicantes de la meditación, como una forma de concentración. Si no superamos este sutil grado de hundimiento nos será imposible alcanzar la completa concentración. Y si utilizamos ese tipo de concentración para lograr el entendimiento del vacío nos encontraremos más adelante con nuevas dificultades. Por todo esto es muy importante trabajar la atención y la vigilancia. Lama Tsongkhapa comenta este tema de la siguiente forma:

> Se dice que podemos alcanzar la concentración basándonos en la atención, la cual es como una cuerda que mantiene atada nuestra mente al objeto de meditación. La atención, por lo tanto, es la técnica más importante para mantener si deseas tener concentración.[13]

Aunque, según esta cita, la atención es el mecanismo para lograr la concentración, hay algunos debates en los textos que sugieren que algunas veces la vigilancia puede causar distracciones. Una de las escuelas de pensamiento, incluso, dice que el simple hecho de revisar la mente por si hay dispersiones constituye en sí mismo una distracción y provoca un cierto grado de inestabilidad. Lama Tsongkhapa, sin embargo, argumenta que el estado de vigilancia es vital, porque sin él seríamos incapaces de devolver la mente al objeto. En su *Lamrim Chenmo* dice que mientras estamos centrados en el objeto de meditación, también debes examinar tu mente para determinar si ésta sigue sosteniendo el objeto. Lo explica de esta forma:

Debes hacerlo de esta forma. Al igual que afirma Kamalashila en su segundo volumen de *Etapas de la meditación*:
Después de haber situado tu atención en el objeto de meditación elegido, mantén continuamente la atención en él. Mientras sostienes el objeto, analiza y examina tu mente, pensando, "¿está mi mente captando el objeto de meditación de una forma correcta? ¿Está floja o está distraída por la aparición de objetos externos?"[14]

La atención es el mecanismo principal mediante el que desarrollamos la concentración, mientras que la vigilancia —la capacidad de una parte de la mente para vigilar lo que está haciendo el resto de la mente— es la herramienta que nos va a ayudar a superar los obstáculos que encontraremos en el camino hacia la concentración, como la pereza, la falta de memoria, el hundimiento o la ansiedad. Tenemos que desarrollar la capacidad para distinguir cuándo debemos aplicar la vigilancia y cuándo debemos disminuir su aplicación. Por supuesto que debemos aplicarla cuando hay riesgo de excesiva relajación o excitación. Por el contrario, también es importante aprender a no aplicarla cuando no existe ese riesgo. Si tenemos que estar aplicándola constantemente, a la larga irá en detrimento de nuestra meditación, así que debemos aprender cuándo podemos aplicarlo y cuándo no.

Cuando el que practica la meditación experimenta el estado de claridad, estabilidad y flexibilidad, entonces es cuando ha conseguido la permanencia apacible. En el Sutra *Desenredar el Pensamiento* se dice:

Mientras resides en soledad dirigiendo apropiadamente la atención hacia tu interior, te dedicas solamente a esos temas que has contemplado con cautela. Tu atención mental está ocupada al estar continuamente dirigida hacia el interior. Ese estado mental en el que permaneces se llama permanencia apacible, el cual hace que se produzca la flexibilidad física y mental.[15]

VISIÓN SUPERIOR

Aunque el término *visión* (Skt. *vipasyana*, Pali. *Vipassana*) se usa tanto en las tradiciones budistas como en las no budistas, dentro del budismo tiene diferentes interpretaciones. Para algunas tradiciones la visión simplemente implica la observación del presente, la observación de lo que está ocurriendo aquí y ahora, en nuestro cuerpo, en nuestra mente, en nuestro entorno. Hay otras tradiciones en las que este término significa algo más; significa perseguir un análisis razonado para proporcionar un grado de certidumbre en el objeto de meditación, como la naturaleza de la temporalidad. Habiendo aprendido que todos los fenómenos compuestos son temporales, el que medita simplemente observa que, por ejemplo, el cuerpo es temporal. Después utiliza el razonamiento en el proceso de meditación para profundizar en la apreciación de temporalidad y poder desarrollar la comprensión total y experiencial de ésta.

Si seguimos la gran tradición monástica de Nalanda que fue introducida por Maestros como Kamalashila, el budismo tibetano va incluso más lejos. Aquí el que medita no se limita a observar lo que ocurre en la mente, y no utiliza la visión simplemente para probar la naturaleza de la temporalidad y del sufrimiento. Sino que más bien, la tradición tibetana de la visión enfatiza el uso sistemático de planteamientos lógicos, utilizando un alto grado de concentración para llevar el análisis conceptualizado hasta un grado tal que la mente no pueda rechazar.

La visión, no importa la manera en la que se use, resulta vital para experimentar la completa aniquilación de la aversión, el apego y la ignorancia. La concentración conseguirá suprimir temporalmente las mentes engañosas —mientras estamos concentrados— pero no va a destruir la raíz de los tres venenos. Aunque la concentración y la visión tienen diferentes funciones —una para producir estabilidad mental y la otra para actuar como antídoto contra los tres venenos— ambas se necesitan.

A cierto nivel, la visión superior, también se puede usar para contrarrestar las aflicciones manifiestas. Por ejemplo, partiendo de la concentración, el que medita puede aplicar la visión para darse cuenta de que el apego a los objetos sensoriales provoca sufrimiento, y también para reducir e incluso eliminar ese apego. Este tipo de visión se denomina "visión mundana," en el sentido de que es capaz de contrarrestar las aflicciones generales, pero incapaz de actuar como un antídoto contra la raíz.

En otro nivel tenemos la "visión supramundana," la cual es capaz de contrarrestar la raíz de las aflicciones –el aferramiento a la existencia intrínseca que capta las cosas y los acontecimientos como si tuvieran una naturaleza propia o una realidad intrínseca. Sobre esto, Lama Tsongkhapa dice:

> La visión mundana consiste en la meditación con la característica de ser estable y burda, donde (el que medita) observa lo burdo en los niveles inferiores y la tranquilidad de los niveles más altos. Según se establece en *Los Niveles del Oyente*, la visión supramundana consiste en la meditación que observa los dieciséis aspectos de las cuatro nobles verdades, como la temporalidad y todos los demás, donde se desarrolla la idea de la ausencia de existencia propia de las personas.[16]

¿CÓMO SE DESARROLLA LA VISIÓN SUPERIOR SEGÚN EL BUDISMO TIBETANO?

Hay algo que aceptan con claridad las cuatro escuelas tibetanas, el hecho de que tanto la visión mundana como la supramundana se tienen que desarrollar a partir de la permanencia apacible. De otra forma sería imposible alcanzar el objetivo.

En las prácticas del sutrayana, la permanencia apacible y la visión interior se desarrollan de forma consecutiva. En el budismo tibetano, sin embargo, los textos vajrayana establecen que ambos se pueden desarrollar de forma simultánea.

La visión es algo más que la simple observación de lo que ocurre aquí y ahora. No importa lo poderosa o placentera, o lo reveladora que pueda resultar una meditación así; mi impresión es que no tiene la capacidad suficiente como para discernir la realidad de la naturaleza transitoria sutil, o para vislumbrar la forma final de existencia de las cosas y acontecimientos. Para penetrar en el objeto de meditación de forma irrefutable se necesita una meditación única y muy poderosa.

La mente primero se establece de forma firme mediante la permanencia apacible, después el que medita comienza con el análisis. En este sentido, la permanencia apacible que ha desarrollado claridad y la estabilidad puede dirigirse hacia la investigación, y de esta forma la permanencia apacible se convierte en visión. Esto se llama *unión de la permanencia apacible y la visión superior* ya que la mente que ha desarrollado por completo la claridad y la estabilidad desarrolla también esos análisis, y así ambas cualidades residen en la misma mente al mismo tiempo.

El budismo tibetano sigue estrechamente los textos de Maestros indios como Kamalashila, Asanga y Maitreya, los cuales han establecido que la visión debe estar basada en un desarrollo completo de la permanencia apacible, constituyendo finalmente una sola mente. Este mensaje cobra una fuerza especial en las enseñanzas de Kamalashila, principalmente en sus tres textos sobre los estadios de la meditación a los que se refiere Lama Tsongkhapa en su *Lamrim Chenmo*. Lama Tsongkhapa pregunta:

> ¿Por qué se necesita la permanencia apacible para alcanzar la visión? De acuerdo con el sutra *Desenredar el Pensamiento*, hasta que la práctica del discernimiento y el discernimiento especial de la sabiduría del discernimiento pueda desarrollar la flexibilidad física y mental, sólo la atención puede aproximarse a la visión. Cuando puede generar flexibilidad, entonces se convierte en visión. Si no has desarrollado la permanencia apacible, no importa el análisis que hagas con la

sabiduría del discernimiento, no podrás desarrollar la alegría y gozo de la flexibilidad física y mental. (Por otra parte), una vez que has desarrollado la permanencia apacible, incluso una meditación analítica de sabiduría del discernimiento resultará en flexibilidad mental.[17]

Por si solos ni el análisis ni la concentración tienen el poder de la realización experiencial completa de un objeto. Ese poder está en manos de la mente concentrada de la permanencia apacible que capta los objetos a través de un exhaustivo análisis.

Para aquellos que practican las seis perfecciones, la concentración plenamente desarrollada se convierte en perfecta sólo cuando se une con la sabiduría que percibe el vacío. Esta perfección se consigue cuando el practicante pone en funcionamiento su entendimiento del vacío antes de entrar en meditación sobre la unión de la permanencia apacible y la visión. Partiendo de una mente que tiene inculcada el vacío, la meditación de la permanencia apacible puede convertirse en la concentración perfecta. Cuando nos implicamos en las actividades del bodhisatva, el lado del método en la práctica es la generosidad, la paciencia, la moralidad, la meditación en la bodhichita y la compasión —todas esas actividades mentales, físicas y verbales que tienen que ver con el mundo convencional— mientras que el lado de la sabiduría conlleva desarrollar y meditar en el vacío ya que es la forma final de existencia de las cosas y acontecimientos.

La práctica del método y la práctica de la sabiduría además de apoyarse la una en la otra, deben también combinarse. La concentración llega a convertirse en una perfección sólo cuando la mente implicada se une a la comprensión de la ausencia de existencia intrínseca o vacío. Si no es así, aunque la meditación sea pura en la permanencia apacible o en la visión, sólo llegaría a ser concentración pero no la perfección de la concentración. Los siguientes capítulos tratan de la perfección final, la perfección de la sabiduría. No hay duda de que hay diferentes niveles de sabiduría, como la sabiduría que capta la temporalidad, la naturaleza del sufrimiento, etc., pero aquí nos vamos a centrar en la sabiduría que capta la forma final de existencia, lo cual es la ausencia de existencia intrínseca o vacío. A esto se refieren los grandes Maestros cuando hablan de la perfección de la sabiduría.

3. LOS CONCEPTOS DE EXISTENCIA INTRÍNSECA

Todas las cosas carecen de existencia intrínseca

LA VISIÓN CORRECTA ES LA VISIÓN SUPRAMUNDANA

En los anteriores capítulos he usado los términos "ausencia de existencia propia, intrínseca o inherente" y "vacío" casi de forma sinónima. Estos son conceptos clave del budismo que surgen de las primeras enseñanzas de Buda, el *Sutra de Las Cuatro Nobles Verdades*, donde menciona la visión correcta como uno de los aspectos del noble óctuplo sendero. La importancia de conseguir la visión correcta —la clara comprensión de la forma en que las cosas y acontecimientos existen realmente— está más allá de toda duda, pero lo que eso implica realmente es un asunto de gran debate.

En cuanto a la visión mundana y la supramundana de las que hemos hablado en el capítulo anterior, decir que la visión correcta equivale a la visión supramundana ya que tiene la suficiente fuerza como para liberarnos de los engaños y capacitarnos para experimentar la Liberación y la Iluminación. Todas las tradiciones budistas están de acuerdo en que esto conlleva la visión clara de una idea muy importante que impregna todas las enseñanzas de Buda: *anatman*, ausencia de un yo sólido o ausencia de existencia propia o intrínseca. Este concepto es común en todas las escuelas del budismo, cuyas diferentes interpretaciones son lo que vamos a ver en este capítulo.

TODAS LAS COSAS CARECEN DE EXISTENCIA INTRÍNSECA

La visión correcta, la ausencia de un yo sólido, la ausencia de existencia intrínseca, el vacío, la visión superior –no importa los términos que usemos– todos consideran cómo nos vemos a nosotros mismos y a los fenómenos, y como tal nos conducen a los cuatro sellos, los principios básicos del budismo. Estos son:

1. Todos los fenómenos compuestos son transitorios.
2. Todas las cosas contaminadas son sufrimiento.
3. Todos los fenómenos carecen de existencia intrínseca.
4. El Nirvana es la paz verdadera.[18]

Mantener una firme creencia en estas cuatro ideas te hace budista, y como el tercer sello es que "todos los fenómenos carecen de existencia intrínseca," esto ya conlleva un entendimiento del vacío. No importa la clase de budismo que practiques, ni el nivel de entendimiento que consigas, para ser budista necesitas al menos el convencimiento en la ausencia de existencia intrínseca de los fenómenos.[19]

Walpola Rahula, en su maravilloso libro *Lo que el Buda Enseñó*, recoge la idea de la ausencia de existencia intrínseca desde la perspectiva del theravada. Toda mi vida he estado profundamente influido no solo por la filosofía mahayana, sino por una perspectiva tibetana basada en las enseñanzas madhyamaka según se enseñan en los monasterios guelug. Por lo tanto, encuentro refrescante el estudio de las obras de los grandes eruditos theravada como Rahula. Sobre la ausencia de existencia intrínseca o propia, Rahula dice:

> Buda negó de forma categórica, sin dar lugar a dudas, en más de un lugar, la existencia del *atman*, el Alma, el Yo o el Ego dentro o fuera del hombre, o en cualquier otro sitio del universo.[20]

Lo que encuentro interesante es que Rahula cita exactamente los mismos tres versos del *Dhammapada,* al igual que Lama Tsongkhapa, para mostrar cómo explica Buda el vacío en los sutras del vehículo de los oyentes, diciendo que son "extremadamente importantes y esenciales en las enseñanzas de Buda." Los versos completos del *Dhammapada* dicen así:

"Todas las cosas condicionadas son transitorias";
Cuando veamos esto con la visión
Nos cansaremos de esta vida de sufrimiento.
Éste es el Camino hacia la purificación.

"Todas las cosas condicionadas carecen de existencia inherente";
Cuando veamos esto con la visión
Nos cansaremos de esta vida de sufrimiento.
Éste es el Camino hacia la purificación.

"Todas las realidades están desprovistas de una entidad intrínseca permanente";
Cuando veamos esto con la visión
Nos cansaremos de esta vida de sufrimiento.
Éste es el Camino hacia la purificación.[21]

Ten en cuenta los cambios de tema entre las tres estrofas. Las dos primeras hablan de "todas las cosas condicionadas," fenómenos que surgen de causas y condiciones contaminadas, y por lo tanto son temporales e insatisfactorias. La última estrofa, sin embargo, habla de "todas las realidades" –todas las cosas. No hay ningún fenómeno que no carezca de existencia intrínseca. En este contexto, la no existencia intrínseca se refiere a una ausencia completa del yo o del alma.

Todas las cosas, no sólo las dependientes, surgen en dependencia de otras, tienen un origen dependiente. Por lo tanto, no importa los términos que usemos, *no yo, ausencia de existencia intrínseca, ausencia de yo,* no hay duda de que

Buda enseñó este concepto y de que están incluidos todos los fenómenos.

Con estas afirmaciones, Buda estaba siendo revolucionario. Incluso hoy en día supone ser radical cuando se mantienen estas ideas. Si todos viéramos esto de una forma sincera, el orden mundial se derrumbaría y surgiría un nuevo mundo en su lugar. Casi todas las demás filosofías y religiones mantienen que debe haber algo dentro de nosotros que perdura de forma inalterable, algo esencial, que puede ser el alma, el ego o el atman. Según el budismo, esto no es simplemente una visión incorrecta, sino la visión incorrecta que hace que perpetuemos el sufrimiento que nos hemos estado causando a nosotros mismos y a los demás desde el pasado infinito.

Si tenemos alguna noción de que hay algo dentro de nosotros con esos atributos, sin importar la etiqueta que le pongamos, entonces es que creemos en un yo que según Buda no existe. Ampliaremos esta visión en el primero de los tres conceptos sobre la "yoidad".

¿ENSEÑÓ BUDA LA VISION PRASANGIKA SOBRE LA AUSENCIA DE EXISTENCIA INTRINSECA?

Buena parte de los capítulos posteriores de este libro tratan la visión de la ausencia de existencia intrínseca o vacío de acuerdo con las explicaciones de los grandes Maestros de la que se considera la más importante y sutil de las subescuelas filosóficas, prasangika madhyamaka. Podría parecer que las complejas y despiadadas afirmaciones lógicas de esta subescuela tuvieran poco que ver con las afirmaciones relativamente simples del sutra *Las Cuatro Nobles Verdades*, así que hay que dejar claro que las últimas afirmaciones no eran inventadas, sino que de hecho surgieron de las verdaderas enseñanzas de Buda.

Los grandes Maestros indios como Nagarjuna, su más cercano discípulo Aryadeva, y en particular Budapalita y

Chandrakirti, todos piensan que esto debe ser así. Su razonamiento es el siguiente: los sutras theravada utilizados por oyentes y por realizadores solitarios –aquellos que están en el camino de la Liberación individual– son un compendio de consejos capaces de guiar al practicante hacia la Liberación. Por lo tanto deben plantear, al menos de forma implícita, la forma final de existencia de las cosas y acontecimientos, ya que cualquier cosa inferior no tendría el poder para destruir todos los engaños o emociones aflictivas. Esto quiere decir que esta sutil noción del concepto de ausencia de existencia intrínseca, planteado en los escritos prasangika, fue enseñado por Buda en los sutras theravada.

Hay dos tipos de oscurecimientos que nos separan de la libertad: los oscurecimientos que impiden la Liberación y los oscurecimientos que impiden la Iluminación. Para evitar los oscurecimientos que impiden la Liberación, el practicante debe entender la forma final de existencia de las cosas y los acontecimientos. Sin ella, incluso la Liberación individual sería imposible, por esa razón los grandes Maestros argumentaban que en los sutras sobre la Liberación individual, Buda enseñó la forma final de existencia.[22]

Estas interpretaciones del significado del término ausencia de existencia intrínseca o propia no son teorías diferentes, sino diferentes grados de sutileza dentro de la misma teoría, y por lo tanto tenemos que tener bien claro que la teoría del vacío que se explica en la escuela madhyamaka –sobre todo en la subescuela prasangika– también está explicada en los sutras theravada, por el mismo Buda. Si Buda no hubiera explicado la ausencia de existencia intrínseca en las enseñanzas theravada, habría sido muy difícil para los Maestros de la escuela prasangika demostrar que Buda es el origen de esta idea. Cuando somos capaces de ver los diferentes grados de sutileza de esta teoría según van progresando, entonces descubriremos que no hay contradicción entre las enseñanzas originales y la interpretación prasangika.

Niveles de Existencia Intrínseca

LOS DOS TIPOS DE VACÍO

De momento sufrimos porque malinterpretamos la manera en que los fenómenos existen. El estudio del vacío es para corregir esa mala interpretación y para eliminar nuestro sufrimiento. Es una materia muy amplia, y por supuesto que no tenemos que entender la forma final de existencia de cada uno de los fenómenos del universo, de forma individual y uno por uno. Lo que más nos puede ayudar es lo que tenemos más cerca: nuestro sentido de identidad, nuestro cuerpo y nuestra mente, y nuestras posesiones inmediatas. Para ese fin los Maestros mahayana han dividido las cosas en dos categorías, el yo y todo lo demás. "Yo" se refiere a nuestro propio sentido de identidad, "lo demás" se refiere a todas las demás experiencias aparte de este sentido central del "yo". La ausencia de existencia inherente en estas dos categorías se expresa así:

- el vacío de la persona
- el vacío de los fenómenos

Los Maestros budistas encuentran más ventajoso abordar primero la forma final de existencia del yo o de la persona, porque al final tratar nuestra mala interpretación sobre la existencia del yo resulta clave para conseguir liberarnos del sufrimiento y de su origen, independientemente de si vemos esa libertad como la Liberación o como la Iluminación.

Ese "yo" que apreciamos con tanto cariño es el centro candente de nuestro universo, y todo lo demás surge de ahí, ya sean los componentes del cuerpo y la mente, nuestras posesiones, el entorno o el mundo entero. Aunque esta declaración nos parezca sorprendente, seamos honestos. Si os preguntara cuál es el centro de vuestro universo, ¿no apuntaríais al centro de vuestro pecho? Práctica y psicológicamente hablando, apuesto a que esto es realmente así.

La comprensión de la forma final de existencia de todas las demás cosas puede venir después. Lo importante ahora es que nos aclaremos nosotros mismos. La habitual materialización de nuestro sentido personal de identidad es lo que nos mantiene encerrados dentro de la existencia cíclica, no nuestro cuerpo, ni la televisión, ni nuestros amigos, y en eso es en lo que tenemos que trabajar ahora. Por eso, los Maestros budistas nos instan a que comencemos buscando la forma final de existencia con el "yo."

Después de haber alcanzado la permanencia apacible usamos nuestra visión, nuestra comprensión para la búsqueda de la forma final de existencia del yo, del ser. En su *Palabras Claras,* Chandrakirti dice:

Los yoguis que desean entrar en la realidad y eliminar todas las aflicciones y errores, consideran esta pregunta, "¿cuál es la raíz de la existencia cíclica?" Cuando examinan esto detenidamente se dan cuenta de que la raíz de la existencia cíclica es la idea falsa de la visión de los compuesto y transitorio. Además perciben que el "yo" es el objeto que observa ese falso punto de vista de lo compuesto y transitorio y también se dan cuenta de que el hecho de no seguir a ese "yo" nos lleva a la eliminación de este falso punto de vista, y así podremos superar todas las aflicciones y todos nuestros errores. Por lo tanto, al principio estos yoguis sólo examinan el yo, preguntándose ¿qué es este "yo", objeto de concepción del yo?[23]

Hay un largo camino hasta llegar a la forma final de existencia. Tenemos un concepto de la yoidad dividido en varios grados de sutileza. Lama Tsongkhapa define tres principales:

1. El yo como entidad inmutable, unitaria y autónoma.
2. El yo como una entidad autosuficiente y sustancial.
3. El yo como una entidad intrínseca.

La primera visión en la que Buda se enfocó para hablar de la "ausencia del yo" fue en la visión de las filosofías indias no budistas, esa y la segunda son rechazadas por todas las escuelas budistas. Sin embargo, sólo la escuela prasangika, la más elevada de las subescuelas madhyamaka, rechaza también la tercera, la que dice que el yo existe como una entidad intrínseca. Todo lo que no sea ver la ausencia del yo como una entidad intrínseca, afirman en la prasangika, es una forma de aferramiento a la existencia propia o intrínseca.

AFERRAMIENTO AL YO INNATO Y AL YO ADQUIRIDO

Los grandes Maestros se han dado cuenta de que percibimos nuestro "yo" de múltiples formas. A cierto nivel, la idea del yo que tiene mucha gente surge al encontrarse con las creencias de religiones o filosofías. En un nivel más profundo y fuera de las influencias externas, todos tenemos un sentido del yo auto-existente que funciona con diferentes grados de sutileza. Algunos de estos no causan problemas, pero muchos son erróneos y nos llevan hacia el sufrimiento. Hay dos formas principales de aferramiento al yo:

- aferramiento al yo adquirido de forma intelectual
- aferramiento al yo innato

El aferramiento innato está arraigado tan profundamente dentro de nosotros que tomar conciencia de él, y no digamos ocuparnos de él, resulta muy difícil. Volveremos sobre esto más tarde. El aferramiento al yo adquirido de forma intelectual, como su nombre indica, se ha adquirido del exterior —de nuestro entorno, nuestra cultura, nuestra religión, etc.— y como tal puede causar un montón de sufrimiento, pero no es tan importante como el innato, no está tan arraigado y por lo tanto podemos tratarlo con más facilidad.

El aferramiento al yo adquirido no es exactamente lo mismo que lo que generalmente llamamos "yo." Cuando simplemente usamos los pronombres "yo" o "mi," como en "yo como," "yo soy un hombre," "dámelo a mí," éste es el "yo" que opera en un nivel más profundo. El aferramiento al yo adquirido tiende a ser el "yo" analizado. Es la esencia o naturaleza del sentido de identidad que aparece cuando pensamos sobre ello. Y como tal es muy diferente del "yo" que se usa en el leguaje habitual.

Adquirimos una forma intelectual de aferramiento al yo al toparnos en nuestra vida con varias ideas sobre lo que es el yo: de forma subliminal, a través de conceptos culturales, o abiertamente a través del estudio de una filosofía o una religión, o también simplemente pensando nosotros mismos sobre el concepto. "¿Quiénes somos?" es una pregunta que yace en el corazón de todas las filosofías y todas las religiones, y algunas establecen respuestas que son muy convincentes, nosotros encontramos una que se adapta a nuestras ideas y la adoptamos. Nosotros la "adquirimos." Esto es un aferramiento al yo adquirido en el sentido de que las nociones del yo que vienen de sistemas filosóficos o de creencias nos proporcionan un sentido concreto del "yo" y naturalmente nosotros nos aferramos a él, como si el yo tuviera algún tipo de esencia o naturaleza.

EL YO COMO UNA ENTIDAD INALTERABLE UNITARIA Y AUTÓNOMA

Lo que hace todo tipo de aferramiento al yo, sea adquirido o innato, es concretizar, solidificar el concepto del yo, dotarlo de un carácter concreto que en realidad no tiene. Ya sea la idea hindú del *atman*, la idea cristiana del alma o cualquier otra interpretación de este "ser o yo," siempre existe un sentido erróneo de realidad que hace que nos aferremos a esta idea, haciendo posible después el apego y la aversión.

Dado que el budismo surgió dentro del contexto de una gran variedad de religiones en la India, los Maestros budistas investigaron el concepto del *atman* para poner de manifiesto el funcionamiento del aferramiento al yo adquirido. Aunque no estoy muy familiarizado con las religiones basadas en el Dios de Abraham (islam, judaísmo y cristianismo) o con las filosofías occidentales, de lo poco que sé podría afirmar que si tomamos el *atman* como plantilla seguro que puede encajar en el concepto de "yo" o ser que existe en todas ellas.

Para el brahmanismo y el jainismo, y para muchas otras religiones que florecieron en la época de Buda, el objetivo era que el "yo" debía trascender el *samsara* y lograr la Liberación o *moksha*. El "yo" que experimenta el dolor y las dificultades por estar atrapado en la existencia condicionada era visto como algo que estaba dentro de los agregados de cuerpo y mente y a la vez era completamente independiente de ellos. Este "yo" tiene tres características:

- Inalterable (Tib. *rtag pa*)
- Unitario (Tib. *gcig pu*)
- Autónomo (Tib. *rang dbang can*)

Si te has educado en una cultura en la que las religiones del Libro son las predominantes o las que impregnan nuestra visión o en una cultura materialista y consumista (y ambas parece que coinciden en América, Australasia y Europa), te verás influido en la manera de ver el sentido del "yo." Esto te va a ocurrir ya seas un creyente, un ateo, agnóstico o nihilista. Si investigas a partir de este bagaje podrás ver que el "yo" no tiene sólo cierto tipo de naturaleza permanente, sino que también carece de causas. Aparece como algo no creado y no compuesto.

Piénsalo por un momento y dime si ese no es tu punto de vista sobre el "yo." Mi cuerpo, mis sentimientos, mis ideas, se componen de muchas otras cosas, pero no mi "yo." Para muchos de nosotros, el "yo" es como un conductor que tenemos en nuestra cabeza dirigiendo las operaciones

–haciendo que se muevan las piernas, decidiendo que es hora de comer, etc.– totalmente aparte del cuerpo y de los acontecimientos que ocurren en nuestra mente.

Además, es un "yo" que perdura. Sabemos que nuestro cuerpo va cambiando constantemente y que nuestra mente no permanece invariable, pero hay una cierta "yoidad" que permanece constante. Perdura como una especie de entidad unitaria. Revestido con tus ideas del karma –yo creo la causa, experimento el resultado, etc.– es este sentido del yo que no sólo es invariable, sino también unitario, y no tiene nada que ver con el cuerpo físico y los acontecimientos mentales que lo conforman.

Una analogía para este concepto de yoidad podría ser la persona y la carga que lleva –el yo es la persona y la carga es la construcción cuerpo/mente conocido por los budistas como los cinco agregados.[24] Aquí hay una distinción muy clara entre la persona y la carga. Así que esta primera idea del yo indica que éste es completamente independiente de los agregados.

Si lo miras desde una perspectiva lógica resulta obvio lo absurdo de estos conceptos, pero necesitamos pensar a fondo sobre ello para ver si realmente tenemos inculcadas esas ideas.

Por supuesto que nuestro cuerpo está cambiando continuamente. Por supuesto que nuestra mente va de pensamiento en pensamiento. Pero si nos analizamos con mucho cuidado podremos percibir algo que parece no cambiar. Creo que todos vivimos con la idea de que hay algo que estaba con nosotros cuando éramos unos niños, que está con nosotros ahora y que seguirá estando a la hora de nuestra muerte. (De hecho, si creemos en la reencarnación o en el paraíso, seguirá estando después de nuestra muerte.) Ese es el elemento invariable que está dentro de nosotros mismos, cierto tipo de esencia, que si queremos ponerle una etiqueta podemos llamarlo "alma" o "*atman.*"

No hay duda de que una persona que tenga esa idea puede obtener una tremenda ayuda, y las creencias religiosas y filosóficas pueden hacernos mejores personas. Buda, sin embargo, vio que mientras nos aferremos a la visión del yo como una entidad invariable, unitaria y autónoma, estaremos creando el espacio para que se desarrolle el apego.

Si lo piensas bien esto es bastante lógico. Si sostenemos esa visión, creamos una separación entre el yo y el mundo que le rodea, y creamos una necesidad de proteger a ese yo del mundo exterior. Naturalmente nos aferramos a ese yo permanente, y con ese aferramiento surgen todas las demás formas de apego. Una vez en el continuo mental, los niveles más sutiles de apego se pueden desarrollar haciéndose cada vez más burdos hasta que se convierten en deseo negativo palpable, y esto trae los consiguientes problemas.

Todas las escuelas filosóficas budistas están de acuerdo en que el yo no existe de esta manera, y que no tiene esas cualidades de invariable, unitario y autónomo que solemos atribuirle. No es una entidad permanente e individual que existe aparte de los agregados. Sin embargo esto no significa que todas las escuelas filosóficas budistas tengan una idea unificada de cómo existe el yo.

Aferrarse al yo como si fuera una entidad completamente independiente e invariable es la clase más grande de aferramiento al yo, y es el producto adquirido de la familiarización con las filosofías y las religiones.

EL YO COMO UNA ENTIDAD AUTOSUFICIENTE Y SUSTANCIAL

Otro concepto de la yoidad es el yo como entidad autosuficiente y sustancial. Aquí, hemos ido más allá del concepto del yo como algo totalmente separado de los agregados del cuerpo y mente, pero aun se percibe como algo sustancial y autosuficiente dentro de esos agregados. Está relacionado con los agregados más que estar apartado de ellos, y aun así puede mantenerse por sí mismo y por lo tanto ser "autosuficiente". Además posee algo más que una realidad nominal; es de alguna manera sustancial.

Hay un cierto debate sobre si este segundo concepto de yoidad surge por naturaleza y por lo tanto es innato, o por el contrario hay que aprenderlo de las filosofías y por lo tanto sería adquirido. No hay un claro consenso, pero parece que, aunque ciertamente se puede adquirir de forma intelectual, hay una tendencia dentro de nosotros que nos hace ver el yo como algo autosuficiente y sustancial. Y esta tendencia parece ser innata, la cual nos hace sentir que el yo está ahí dentro del complejo cuerpo/mente, dependiente de él pero a la vez separado de alguna forma, capaz de mantenerse por sí mismo y con su propia realidad sustancial.

Sin embargo, el yo es temporal, cambiante y dependiente de los cinco agregados. Creo que no hace falta mucho análisis para darnos cuenta de que el primer nivel del concepto de yoidad está equivocado. Y si investigamos en profundidad, podíamos pensar que vemos algo más. Por encima de estas características de ser temporal, cambiante y dependiente, existe un yo que de alguna manera sobresale de entre la gran complejidad de pensamientos y emociones, y del cuerpo que lo alberga todo. Hay algo que, de alguna manera, no está relacionado con los cinco agregados y lo llamamos "yo".

De la misma forma hay diferentes interpretaciones del significado de *suficiente* en la palabra "autosuficiente." Aunque ambas ideas de la yoidad tienen un sentido de independencia, la segunda visión tiene un menor grado de independencia. La persona y la carga que lleva esa persona son dos entidades totalmente diferentes, pero aquí la conexión entre el yo y los agregados es mucho más fuerte. El sentido del yo depende y a la vez es parte de los agregados físicos y mentales; a pesar de eso, mantiene su propia autosuficiencia.

La idea que tenemos del yo es la de ser el amo y la idea que tenemos de los agregados es la de ser sirvientes. El yo es el que da las órdenes y los agregados son los que hacen el trabajo. Averigua si has tenido alguna vez este sentimiento. ¿Es tu cuerpo algo que usas para tu propio beneficio, y por lo tanto es un "sirviente" para su "amo"?

Otra analogía es la del empresario y sus empleados, en la que tenemos varios trabajadores en la oficina y de entre ellos hay uno que es el que da las órdenes. De la misma forma el yo no está separado de los agregados ni es diferente, pero está por encima, al cargo de ellos.

Este es el yo con el que vivimos cuando no lo investigamos de forma activa. Es el yo de las acciones simples como "yo voy," "yo como" o de frases como "yo soy budista." Por debajo de las palabras, o por debajo incluso de la experiencia consciente del yo que anda, que come o que es budista, está el sentido de que hay algo más en el yo que el simple actor de la acción.

Trata de indagar en profundidad si puedes percibir algún sentido del yo en el simple acto de moverte. Es muy difícil apreciar el aroma de la yoidad, porque tan pronto como miras que empiezas a examinar, y la primera noción de la yoidad se presenta por sí misma. Esto es mucho más sutil que aquello. Si eres rápido y vivaz, puede ser que percibas un sentido de que hay algo más profundo, que incluso sin investigar, por debajo del pensamiento y del lenguaje, ahí todavía yace un sentido del yo.

Esto no es algo simple ya que supone pensar sobre algo que actúa por debajo del nivel consciente. Cuando caminamos por una calle, lo que hacemos es caminar por una calle, aunque inconscientemente lo que hacemos es poner un pie delante de otro, aun así, dentro de ese acto inconsciente subyace un sentido del yo. Esto es demasiado sutil como para poder percibirlo con facilidad, pero crece y disminuye continuamente. Quizás en la meditación es muy difícil de percibir, incluso cuando estamos caminando es difícil, pero cuando un objeto de deseo se presenta ante nosotros, como los pasteles cuando pasamos delante de una pastelería, entonces es cuando somos capaces de percibir el "yo" de "yo quiero."

Al investigar este sentido del yo mediante la visión, lograremos ver que de hecho no existe de esta manera, y por lo tanto es el segundo nivel de ausencia del yo, que el yo carece de ser autosuficiente y sustancial.

Con la excepción de la escuela prasangika, que considera la necesidad de ir más allá, todas las demás escuelas budistas afirman que "la ausencia de existencia del yo de las personas" quiere decir que el "yo" no es una entidad autosuficiente y sustancial.

Las escuelas no-mahayana (vaibhashika y sautrantika) explican que para conseguir la Liberación individual, el antídoto es la visión que percibe este nivel de ausencia del yo (como una realidad autosuficiente y sustancial). Cuando el practicante pasa de la comprensión conceptual hacia la percepción directa de este nivel de ausencia del yo, entonces es cuando corta la raíz de la existencia cíclica, porque esa noción del yo es el aferramiento a lo autoexistente fundamental, la ignorancia, el primero de los doce eslabones del origen dependiente. Cuando se consigue eliminar, se destruye la existencia cíclica.

Las escuelas mahayana, chitamatra y svatantrika madhyamaka, están de acuerdo en que la causa fundamental de la existencia cíclica es la ignorancia de la ausencia de existencia del yo en la persona, la cual está vacía de realidad autosuficiente y sustancial. También afirman, sin embargo, que no sólo debemos comprender la ausencia de existencia del yo, sino también la ausencia de existencia intrínseca de los fenómenos. Desarrollaremos esto más tarde cuando tratemos la idea de vacío y de ausencia de existencia intrínseca de estas cuatro escuelas.

EL YO COMO UNA ENTIDAD INTRÍNSECA

La escuela prasangika madhyamaka argumenta que esta noción de yoidad como realidad autosuficiente y sustancial no es el primero de los doce vínculos del origen dependiente, y por lo tanto no es la verdadera raíz de la existencia cíclica. Aunque la eliminación de esta noción de yo puede destruir la mayor parte de nuestro aferramiento al yo, con ello no se consigue la deconstrucción final del aferramiento al "yo."

La noción de yoidad que se necesita destruir es algo mucho más sutil.

Este tercer nivel de la noción de yoidad es el yo como entidad intrínseca; el yo existe dentro de nuestros cinco componentes con algún tipo de naturaleza intrínseca o inherente. Sólo la subescuela prasangika madhyamaka se muestra contraria a esta noción del yo. Para los Maestros de esta escuela, hasta que no eliminemos esta idea, el yo como realidad intrínseca dentro de los cinco agregados, no podremos liberarnos por completo de ese sentido de identidad falso y permaneceremos encerrados en la existencia cíclica. Todavía no hemos conseguido erradicar el primero de los doce vínculos, la ignorancia.

Esta noción de la yoidad es algo que todos poseemos de forma innata, hayamos estudiado filosofía o no. Por ejemplo, todas las escuelas filosóficas budistas, desde la vaibhashika hasta la svatantrika madhyamaka, afirman que el yo existe de forma intrínseca o inherente, aunque haya algunas diferencias entre ellas a la hora de definir el término *intrínseco*.

Los agregados de cuerpo y mente que son temporales y están en constante cambio, forman la base sobre la que creamos el concepto de yoidad. Las escuelas no prasangika afirman que aunque está en constante cambio al igual que los agregados que conforman su base, el yo tiene cierto carácter intrínseco. De otra forma, éste sería un apelativo aleatorio.

La gente que ha investigado su existencia hasta este nivel de yoidad de alguna manera descubre que el yo no existe como les aparece. Pero después, razonan que debe haber un actor de las acciones, y las acciones tienen que ser hechas por alguien, por lo tanto aunque no hay un "yo," sí hay un agente que existe de forma inherente. Es el sentido de identidad que carece de realidad, no el "yo" como el actor de las acciones. El hecho de que yo puedo hacer cosas prueba que existo de forma intrínseca.

Los Maestros prasangika rechazan incluso este nivel de yoidad, diciendo que *es* la raíz de la existencia cíclica, el primero de los doce vínculos del origen dependiente. Al contrario, el antídoto a la ignorancia es la visión o sabiduría que comprende que el yo no existe inherentemente dentro de los agregados.

Por lo tanto, aunque todas las escuelas filosóficas budistas afirman que estamos en la existencia cíclica debido a los doce vínculos del origen dependiente, siendo la raíz de los cuales el primer vínculo, la ignorancia, existen diferencias a la hora de definir en qué consiste esa ignorancia. Desde la vaibhashika hasta la svatantrika madhyamaka tienen una visión y la prasangika madhyamaka tiene otra. Para los primeros, esa ignorancia es la mente que se aferra al yo como entidad que existe de forma autosuficiente y sustancial. Esto es innato y no algo adquirido de forma intelectual. Para la prasangika, el hecho de deshacernos de ese tipo de aferramiento al yo no nos va a liberar de la existencia cíclica. También debemos deshacernos de la noción del yo como entidad intrínseca.

IDENTIFICANDO AL LADRÓN

Es muy importante que analicemos si tenemos ese sentido del yo en cualquiera de sus tres formas. (De hecho podemos tenerlo en una de sus formas o en más de una a la vez.)

Debemos explorar esto de una forma natural no de forma filosófica, es decir siempre que aparezca en el día a día; explorar cómo aparece este yo en diferentes condiciones. Es importante que analicemos el surgimiento del yo cuando ocurren circunstancias poderosas o dramáticas. Cuando alguien nos alaba, debemos analizar quién es el que está siendo alabado. En una circunstancia que amenace nuestra vida, o cuando alguien nos acusa de forma violenta y falsa públicamente, es cuando debemos mirar la fuerza con la que surge nuestro yo, y verificar de qué manera se nos presenta.

Todos tenemos una o varias de estas tres nociones de yoidad, y aun así éstas no equivalen a cómo existe realmente el yo. Debemos entender esto, y después ponerlo en práctica observando muy de cerca la manera en la que percibimos el sentido del yo. Esta observación repetida y detallada nos va a llevar a la clara y poderosa meditación de la visión, la sabiduría.

Si observamos que nuestra idea del yo es la de algo que está separado de los agregados, *esa* es la base a partir de la cual analizar si existe realmente de esa manera. Ese es el análisis de la visión. De la misma forma, a un segundo nivel, aunque el yo no está completamente separado, ni es permanente ni unitario, aun así, cuando lo observamos, parece que se mantiene por sí mismo, con algún tipo de realidad sustancial dentro de los agregados. Entonces debemos investigar si realmente existe de esta forma. Esta es la meditación de la visión en el segundo nivel de la noción de yoidad.

En su *Guía sucinta al Camino Medio*, el Lama Tsongkhapa dice:

> En muchos sutras se dice que la realidad de las personas debe ser negada. En el *Ninayasamgraha* (se dice que) la última realidad de las personas debe ser negada, mientras que en *Viniscayasamgrahani*, *Mahayanasutralamkara* y *Abhidharmakoshabhashya*, se dice que la realidad sustancial de las personas debe ser negada. Todos se refieren al mismo asunto. Así, el significado de realidad sustancial y realidad nominal es el siguiente. Cuando una cosa o acontecimiento se presenta ante la mente, si lo hace dependiendo de la percepción de otro fenómeno diferente pero que comparte algunas características, entonces el objeto es realidad nominal. Aquel que no depende de otros de esa forma es realidad sustancial.[25]

De la misma forma examinamos la tercera noción, el hecho de si el yo tiene o no una realidad intrínseca dentro de los agregados. Es importante darnos cuenta de cómo percibe nuestra mente el sentido del "yo." Eso nos aclarará en qué nivel de las nociones de yoidad es donde ocurre el error.

Las instrucciones del Lama Tsongkhapa son muy claras: el primer paso para la comprensión de la ausencia del yo es tener completamente claro ¿cuál es el yo del que estamos vacíos? ¿Cuál es el yo que no existe? Cuando decimos vacío, ¿vacío de qué? Si tenemos una idea muy clara de lo que equivocadamente asumimos que existe –la noción de yoidad en cualquiera de los niveles de percepción– entonces no será tan difícil la comprensión de la ausencia o vacío del yo. Si no tenemos noción de "vacío de qué", será muy problemático conseguir una idea clara de ese vacío.

En los cinco textos más importantes de Tsongkhapa, se argumenta que para comprender el vacío es crucial identificar claramente el *objeto de negación.* Eso es lo que estamos haciendo aquí. Nuestra idea de lo que somos, nuestro sentido de identidad, el "yo," cualquier cosa que sintamos como el centro de nuestro ser, es lo que necesitamos ver claramente, antes de que podamos analizar si realmente existe de esa manera.

Un ladrón irrumpe en tu casa. A la policía no le vale que lo describas simplemente como "un hombre." Tienes que describirlo de la forma más precisa posible si quieres que te sirvan de ayuda. La concretización del concepto del yo ha robado nuestra paz y nos ha causado sufrimiento, así que primero debemos identificar al ladrón antes de poder detenerlo. Sólo cuando tenemos una idea clara de cuál es nuestro sentido del yo, es cuando podemos negarlo entendiendo que no existe de esa forma. Analizaremos esto con más detalle en el capítulo 5.

La ausencia de existencia intrínseca en las cuatro escuelas budistas

LA AUSENCIA DE EXISTENCIA INTRÍNSECA EN LAS TRES PRIMERAS ESCUELAS

Como ya hemos mencionado anteriormente, de las cuatro escuelas budistas, dos –vaibhashika y sautrantika– se consideran no mahayana y realistas, y las otras dos –chitamatra y madhyamaka– se consideran mahayana y no realistas. He tratado los conceptos de las cuatro escuelas sobre verdad relativa y verdad absoluta con todo detalle en el segundo libro de la serie *Los Fundamentos del Pensamiento Budista: Nada es lo que parece/Vedad Relativa, Verdad Absoluta.*

En cuanto a los sutras y los textos Abhidharma, los vaibhashika y sautrantika aceptan que la ausencia de existencia del yo se refiere solo a los dos primeros niveles de yoidad, el de carecer de una entidad inalterable, unitaria e independiente, y el de ser una entidad autosuficiente y sustancial. En cuanto a los textos pali relativos a la Liberación individual de los oyentes y los realizadores solitarios, esto es lo que significa la ausencia de existencia de las personas. Aunque también aparece el término *vacío*, no está claro si su significado corresponde con el de los textos mahayana. Sólo se explica la ausencia del yo falso de las personas y no la de los fenómenos, por lo tanto, no es el vacío que se explica en las enseñanzas y los sutras mahayana.

Aquí también es conveniente tener en cuenta que los Maestros prasangika madhyamaka, como Budapalita y Chandrakirti, afirman que incluso en los sutras pali el vacío de la persona según el concepto prasangika –el vacío de existencia intrínseca– está implícito, si no sería imposible para los oyentes y realizadores solitarios eliminar la ignorancia y lograr el objetivo de la Liberación.

La escuela chitamatra es la primera en afirmar la ausencia de existencia intrínseca de ambas, la persona y los fenómenos. La ausencia de existencia del yo es idéntica a la de las escuelas inferiores; no hay ninguna diferencia sutil. Pero al afirmar también la ausencia de existencia intrínseca de los fenómenos, amplían mucho más la base de investigación. Para entender cómo malinterpretamos tan drásticamente el mundo interno y el externo, las dos primeras escuelas se concentran en el mundo interior del sentido de identidad. Por supuesto que pueden ver la temporalidad y los demás temas dentro del budismo, pero como forma final de existencia parece que sólo analizan el yo.

En la escuela chitamatra, el análisis se hace no sólo sobre la forma final de existencia del yo, sino también sobre todas las demás cosas y acontecimientos, empezando por nuestros agregados hasta alcanzar todo el universo. Ellos no rechazan la existencia de las cosas aparte del yo –nuestros sentimientos, pensamientos, nuestro cuerpo, los libros, ordenadores, coches que fabrica nuestro mundo exterior– sino que lo que rechazan es la existencia de cualquier cosa que tenga una naturaleza separada de la mente que la percibe. Esa clase de mundo exterior no existe. Desde el punto de vista mahayana, el practicante que logra la comprensión de la ausencia de existencia intrínseca del yo puede lograr la Liberación, pero no la Iluminación; por eso se necesitan ambos tipos de ausencia de existencia intrínseca.

En ese sentido, a pesar de ser el mismo término, hay una diferencia en el concepto de Nirvana según lo expliquen las enseñanzas de las dos primeras escuelas o las enseñanzas mahayana. En las escrituras pali, Nirvana se refiere al cese total de la ignorancia que mantiene que el yo es una realidad autosuficiente y sustancial. La predisposición de esa ignorancia se elimina por completo; cesa totalmente. En las escrituras mahayana, el concepto de Nirvana se lleva aun más lejos. No se refiere sólo al cese del yo como realidad autosuficiente y sustancial y su predisposición –el aferramiento al yo– sino también a la eliminación del aferramiento a la existencia intrínseca de los fenómenos y su predisposición.

Por lo tanto, en las escrituras mahayana, todos los oscurecimientos se resumen en dos categorías: el oscurecimiento que impide la Liberación y el oscurecimiento que impide la Iluminación. Para conseguir la Iluminación el practicante debe abandonar ambas oscurecimientos, mientras que para conseguir la Liberación es suficiente con abandonar el primer grupo de oscurecimiento. Hablaremos de las diferencias entre estos dos grupos cuando tratemos las afirmaciones prasangika madhyamaka en el capítulo 4.

El concepto del vacío de los fenómenos para la escuela chitamatra supone la ausencia de dualidad entre el sujeto y el objeto. Cuando la mente capta su objeto, parece que el objeto está por un lado y el sujeto (la misma mente) por otro, teniendo el objeto una existencia aparente muy distinta de la mente que lo capta. Según la escuela chitamatra, la apariencia de la dualidad entre sujeto y objeto –el sentido de independencia de la mente y de su objeto– es errónea y por lo tanto eso es lo que tiene que ser negado. El cese de la dualidad entre la mente y el objeto es la comprensión experiencial del vacío en la escuela chitamatra.

El Lama Tsongkhapa explica de esta forma el punto de vista de la escuela chitamatra. Para la mente corriente que no ha alcanzado la comprensión del vacío, un libro supone un objeto en sí mismo con el nombre de "libro," y además la mente lo capta como algo que existe de forma independiente, algo que está separado de la experiencia mental de la percepción. Ese tipo de objeto es lo que la escuela chitamatra llama el aferramiento a la existencia intrínseca de los fenómenos.

Para la escuela chitamatra tanto el libro como la mente que lo capta surgen al mismo tiempo y de la misma fuente, y comprender esto supone el antídoto para los oscurecimientos que obstaculizan la Iluminación. Este nivel de análisis es un paso importantísimo en el camino hacia la comprensión del vacío del que habla la escuela madhyamaka.

LA AUSENCIA DE EXISTENCIA INTRÍNSECA EN LA SVATANTRIKA MADHYAMAKA

El concepto de ausencia de existencia intrínseca (Tib. *bdag med pa*) se convierte en algo más sutil cuando pasamos a la escuela madhyamaka. Como hemos visto, hay dos importantes subescuelas dentro de la madhyamaka, svatantrika y prasangika. Ambas son madhyamaka porque ambas sostienen que están en el camino medio, y porque los Maestros de ambas siguen las enseñanzas madhyamaka de Nagarjuna y de Aryadeva. Sin embargo ambas tienen ideas diferentes sobre la ausencia de existencia intrínseca o propia.

Para la svatantrika madhyamaka el concepto de ausencia de existencia intrínseca de la persona (Tib. *gang zag gi bdag med*) es exactamente el mismo que hemos visto en las escuelas inferiores. Sin embargo, aunque tanto la svatantrika como la chitamatra aceptan el vacío de los fenómenos (Tib. *chos kyi bdag med*), el punto de vista svatantrika es bastante diferente del chitamatra. Para aquellos el vacío de los fenómenos está "vacío de existencia verdadera." Es el mismo término que se usa en la prasangika madhyamaka, pero tiene que quedar claro que estar vacío de existencia verdadera para la escuela svatantrika no supone estar vacío de existencia inherente o intrínseca.

La visión svatantrika sobre el vacío de los fenómenos se toma como la visión general de toda la subescuela, aunque en realidad hay muchas diferencias entre sus grandes Maestros, tales como su fundador Bhavaviveka, Shantarakshita y su discípulo directo Kamalashila. Por ejemplo, mientras que las ideas de Bhavaviveka sobre cómo existen las cosas externas (mesas, libros, montañas, etc.) se acercan bastante a las ideas de la segunda escuela, sautrantika, las ideas de Shantarakshita y Kamalashila se acercan más a la visión de la escuela chitamatra. Por lo tanto, la descripción que haré ahora se refiere a la idea general svatantrika, sin especificar las particularidades de cada Maestro.

Según la idea general svatantrika , las cosas y los acontecimientos existen y funcionan debido a que producen resultados; existen de forma convencional *a través de su propia naturaleza* o carácter (Tib. *rang mtshan*). Existen de forma objetiva, por encima del elemento subjetivo, la mente que los percibe y los interpreta. En otras palabras, tienen una autonomía objetiva. Eso es lo que significa *a través de su propia naturaleza.*

Aquí, sin embargo, estamos hablando de la existencia convencional de las cosas, y los Maestros svatantrika rechazan firme y categóricamente la idea de que las cosas y acontecimientos existen *de forma absoluta* o última a través de su propia naturaleza.

Esto es algo que hay que tener en cuenta. Las cosas y acontecimientos —libros, bolígrafos y demás— funcionan. Una semilla es capaz de producir una planta de forma objetiva y autónoma. Lo que captan nuestros sentidos es que existe de su propio lado, y así es como existe en realidad, y para la svatantrika ésa es su forma convencional de existencia. En ese nivel convencional, la consciencia sensorial es llamada *consciencia no equívoca* (Tib. *ma´ khrul ba´ shes pa*). Detallaremos este punto cuando tratemos las diferencias entre la svatantrika madhyamaka y la prasangika madhyamaka.

Aunque los fenómenos existen de forma convencional de ese modo, los grandes Maestros como Shantarakshita rechazan que los fenómenos existan de forma absoluta a través de su propia naturaleza. Podemos analizar esto en dos niveles. En el primero, ningún objeto existe de forma absoluta al cien por cien por su propia naturaleza porque su existencia también es certificada por una consciencia no defectuosa (Tib. *blo gnod med*).[26] En tibetano, la traducción literal sería existir "singularmente" y de forma objetiva por sí mismo.

El segundo nivel es cuando el objeto resulta analizado por la mente del análisis último. Ningún objeto puede resistir tal análisis. Este nivel de ausencia de existencia es el vacío o la ausencia de existencia intrínseca de los fenómenos dentro de la escuela svatantrika madhyamaka. Se puede aplicar tanto a los objetos externos como a los internos —internos como nuestra idea del yo, de la sensación o de la identidad, es decir cualquier fenómeno interno.[27]

En términos de realidad absoluta o última, los Maestros svatantrika rechazan la existencia verdadera o absoluta de las cosas y acontecimientos. No hay nada que pueda existir de forma verdadera o absoluta porque nada puede soportar el análisis de la mente del análisis último.

Todos están de acuerdo en que el vacío de los fenómenos es una verdad absoluta, pero hay un amplio debate en si la ausencia de existencia intrínseca del yo es una verdad absoluta o no.

Podemos vincular esto con el primer nivel de refutación al ver que nada puede existir de forma verdadera o absoluta sin que sea imputado por una consciencia sin defectos. La existencia verdadera o absoluta significa que los fenómenos existen por sí mismos de forma verdadera o absoluta, mientras que una mente de análisis último, la que determina la forma final de existencia de los objetos, sería incapaz de encontrar tal objeto de existencia absoluta.

De esta forma podemos ver que la svatantrika da a entender que los fenómenos tienen algún tipo de realidad objetiva, pero no completamente independiente de una consciencia sin defectos. En cierto sentido es mitad y mitad, en parte existe de forma objetiva y en parte imputado por una consciencia válida.

Aunque la diferencia entre las posturas svatantrika y prasangika es el tema del próximo capítulo, merece la pena hacer una pequeña mención ahora. Los Maestros prasangika afirman que los fenómenos carecen de existencia verdadera o absoluta, incluidos los fenómenos que tienen alguna realidad objetiva (algo que la escuela svatantrika afirma pero en un nivel convencional). No tener una naturaleza real desde el lado del fenómeno en sí, es lo mismo que no tener existencia inherente. Si ningún fenómeno puede resistir el análisis último ni incluso el convencional, eso quiere decir que no tiene realidad objetiva y que no tiene una entidad por sí mismo. Ésa es la diferencia fundamental.

Los Maestros prasangika rechazan el concepto de los svatantrika sobre la consciencia sensorial no equivocada. Para la svatantrika, un fenómeno tiene cierto grado de realidad objetiva porque de esta forma lo percibe una consciencia sensorial no equivocada. La prasangika madhyamaka afirma que las consciencias sensoriales de un ser que no ha alcanzado la Iluminación siempre son equivocadas. Ellos afirman la existencia de las cosas externas, pero cuando una percepción directa capta un objeto como algo que existe de forma verdadera o inherente, es una percepción errónea en ese nivel, al contrario que las afirmaciones svatantrika.

Por lo tanto, para los Maestros svatantrika madhyamaka como Bhavaviveka y Shantarakshita, las consciencias sensoriales no equivocadas o no defectuosas, perciben los fenómenos con cierto grado de realidad objetiva, y como en realidad es así, este principio no se puede negar. Ésta es su realidad convencional. Para la prasangika, los fenómenos aparecen ante la consciencia sensorial con cierto tipo de naturaleza objetiva, existiendo por sí mismos. Esto es erróneo. No sólo en el nivel absoluto, sino que en el nivel convencional tampoco tienen ninguna realidad objetiva, nada existe por sí mismo.

4. LAS DIFERENCIAS ENTRE LA SVATANTRIKA Y LA PRASANGIKA

Las principales diferencias entre las dos escuelas madhyamaka

LA DIFERENCIA EN LA LÍNEA DE RAZONAMIENTO

La cuarta de las cuatro escuelas filosóficas budistas es la madhyamaka, la escuela del camino medio. Como hemos visto, Nagarjuna y en menor medida Aryadeva se consideran los fundadores de esta escuela, y todos los comentarios que se escribieron después están basados en los textos de estos dos Maestros, sirviendo de referencia para sus investigaciones. La división de esta escuela sucedió después de que Budapalita escribiera *Un Comentario a Las Estrofas Raíz del Camino Medio (de Nagarjuna), Llamado La Consciencia que Discierne (Mulamadhyamakavrtti)*. En *Las Estrofas Raíz* Nagarjuna rechaza las tendencias esencialistas de las escuelas budistas. Budapalita llevó las ideas de Nagarjuna aun más allá usando la argumentación que produce consecuencias –mediante la cual se demuestra que la hipótesis del oponente es contradictoria sin que el proponente (aquí Budapalita) tenga que ofrecer su propia hipótesis. Volveremos sobre esto porque ha demostrado tener un montón de ramificaciones dentro del budismo mahayana.

Mucho después, otro de los grandes Maestros indios, Bhavaviveka, escribió *Lámpara para la Sabiduría (de Nagarjuna): Comentario al "Tratado sobre el Camino Medio" (Prajnapradipa)*, donde critica con contundencia a Budapalita por sus métodos, diciendo que sólo los silogismos autónomos (donde A es verdadero porque B es verdadero, y el argumento se mantiene de forma autónoma) tienen la fuerza suficiente para probar un planteamiento, y que Budapalita no consiguió refutar la existencia verdadera porque sólo usó la argumentación que conlleva consecuencias. Según Bhavaviveka, aunque Nagarjuna no usó de forma explícita los silogismos autónomos en su texto, éstos estaban implícitos en su enfoque, y por eso Budapalita no consiguió ver la idea principal de Nagarjuna.

Después, Chandrakirti, el Maestro madhyamaka del siglo siete escribió *Palabras Claras (Prasannapada)*, su propio comentario sobre el *Tratado sobre el Camino Medio*, en el que defiende claramente la posición de Budapalita, y rechaza el uso que hace Bhavaviveka del silogismo autónomo. Afirma que es suficiente con la argumentación que conlleva consecuencias para probar la ausencia de existencia verdadera y absoluta.

Partiendo de esta diferencia básica de opinión se desarrollaron dos corrientes de pensamiento que desembocarían en las dos escuelas madhyamaka, la escuela prasangika seguiría el razonamiento de Chandrakirti y el uso de la argumentación que conlleva consecuencias (*prasangika* significa "consecuencialista") y la svatantrika seguiría el razonamiento de Bhavaviveka y el silogismo autónomo (*svatantrika* significa "autónomo").

Cuando lees los textos prasangika te encuentras continuamente con argumentaciones que conllevan consecuencias, normalmente en forma de debate entre un proponente (un hipotético Maestro svatantrika) y un oponente (un Maestro prasangika), cuyo trabajo consiste en cuestionar al proponente hasta que sus argumentos caen en el absurdo. Es importante conocer cómo funciona esto y por qué los Maestros prasangika lo consideran suficiente para hacer que los argumentadores lleguen a la comprensión del tema que se está debatiendo, y por eso me gustaría explicar brevemente los dos sistemas.

Un silogismo es una afirmación lógica que dice que *esto* debe ser igual a (o estar relacionado con) *esto* debido a *esto*. Todo silogismo válido tiene que tener tres o cuatro componentes:

- sujeto
- predicado
- razón (o signo)
- ejemplo (no siempre necesario)

Un ejemplo clásico es: "el *sonido* (sujeto) es *temporal* (predicado) porque es un *producto* (razón)."

Chandrakirti no rechaza el uso del silogismo para establecer razonamientos, pero sí rechaza tajantemente el silogismo *autónomo* para refutar la existencia verdadera y absoluta. Un silogismo autónomo es el que puede subsistir por sí mismo, y por lo tanto tiene autonomía, y para que esto sea así debe encajar en lo que se llama el triple criterio:

- la particularidad de la posición
- la difusión a favor
- la difusión en contra

La difusión a favor se centra en la relación entre la razón y el predicado, y en si un grupo de fenómenos cubierto por el término usado por la razón está impregnado por (es decir, es igual o mayor que) el grupo de fenómenos cubierto por el término que se utiliza en el predicado. En otras palabras, verifica si todas las cosas que son productos son, en realidad, temporales, impermanentes.

La difusión en contra se centra en la relación entre lo que no es predicado y lo que no es razón, y en si el grupo de fenómenos no cubierto por la razón está impregnado por el grupo de fenómenos no cubierto por el predicado. En otras palabras, verifica si todas las cosas que no son productos no son, en realidad, temporales.

Esta es una forma de debate muy precisa y astuta, pero se necesita esa precisión si queremos alcanzar la comprensión profunda de los temas más importantes como el vacío.

Para Bhavaviveka, cuando un madhyamaka rechaza la afirmación de las escuelas esencialistas de que los productos existen de forma absoluta (por eso se llaman "esencialistas"), es cuando se debe usar este tipo de silogismo. Lo que se necesita en este tipo de silogismo es que tanto la persona que propone el silogismo (el proponente, en este caso un Maestro madhyamaka) y el *oponente* (en este caso un budista esencialista) deben de estar de acuerdo en la estructura del silogismo antes de que puedan estar en desacuerdo con el contenido. Técnicamente, para que el silogismo sea válido, las consciencias válidas tanto del proponente como del oponente deben establecer estos cuatro componentes y el triple criterio. Esta es la posición de Bhavaviveka y lo que Chandrakirti rechaza.

Esa es la clave para denominarlo "silogismo autónomo." Cada uno de los componentes —sujeto, predicado, razón y ejemplo— al igual que el triple criterio debe tener su naturaleza independiente, en el sentido de que son independientemente portadores del potencial de establecer la hipótesis del silogismo. La naturaleza independiente es captada por ambas partes —proponentes y oponentes— proporcionando al silogismo la fuerza de ser "autónomo." En su *Lamrim Chenmo*, el Lama Tsongkhapa dice:

> El razonamiento de Bhavaviveka es que "establecer como si surgiera en común" significa que el proponente y el oponente usan el mismo tipo de cognición válida para establecer el argumento.[28]

Chandrakirti argumenta que es imposible que todos los componentes de un silogismo sean aceptados por ambas partes, los madhyamaka y los budistas esencialistas, porque la razón principal para el debate es la falta de causa común. Por la parte madhyamaka no se puede establecer un sujeto, predicado, razón o ejemplo inherente o autónomo, porque tales componentes no existen. Todo el impulso del argumento madhyamaka es que todas las cosas carecen de existencia intrínseca, inherente y autónoma. Para el budista esencialista, por otra parte, las cosas existen por sí mismas. Y por lo tanto no hay componentes aceptados en común —el debate queda invalidado.

Por supuesto que hay ideas comúnmente aceptadas, como el "sonido" y la "temporalidad," pero no hay una aceptación común del sonido autónomo —el sonido que existe por sí mismo. En ese nivel, las escuelas esencialistas y madhyamaka no tienen nada en común. Por esa razón Chandrakirti afirma que Budapalita está en lo cierto cuando afirma que el uso del silogismo autónomo no está respaldado por *La Sabiduría Fundamental del Camino Medio* de Nagarjuna. Y más aun, que la afirmación de Bhavaviveka de que Nagarjuna había utilizado el silogismo autónomo, es errónea.

Chandrakirti propone que la escuela madhyamaka debería usar el argumento que conlleva consecuencias. En el argumento con consecuencias no hay hipótesis contraria propuesta por el oponente; el debate se desarrolla simplemente mostrando las contradicciones del argumento del proponente. Por lo tanto en un debate entre un Maestro madhyamaka y un Maestro esencialista, la responsabilidad está en que el esencialista proponga una hipótesis y el madhyamaka pruebe las contradicciones dentro de esa hipótesis. En su *Lamrim Chenmo*, el Lama Tsongkhapa dice:

> Cuando la razón que se usa para probar la hipótesis se establece para ambas partes utilizando la cognición válida explicada anteriormente, entonces es una razón autónoma. Cuando la hipótesis no se establece de esta forma, sino que se establece a través del triple criterio (particularidad de la posición, difusión a favor, difusión en contra), y esto es aceptado por la otra parte, esto constituye el método prasangika. Está bastante claro que ésta es la intención del Maestro Chandrakirti.[79]

Lo que podría parecer un asunto pedante en realidad es una diferencia fundamental en el acercamiento a una materia tan profunda como el vacío, y así, una diferencia de opinión como ésta llevó a la fragmentación de la escuela madhya-maka en dos subescuelas, y (según la prasangika) llevó a un entendimiento más sutil de la naturaleza de la realidad.

LA DIFERENCIA EN LA PERCEPCIÓN DIRECTA

Las diferencias entre la svatantrika madhyamaka y la pra-sangika madhyamaka van más allá del uso de los silogismos. Otra de las diferencias fundamentales es la afirmación de la veracidad o validez de la percepción directa.

Para Bhavaviveka y los Maestros svatantrika madhya-maka, la idea de la percepción directa es casi idéntica a la idea de los budistas especialistas en la lógica como Dignaga o Dharmakirti. La percepción directa es una consciencia que está libre de conceptualismo y es inequívoca. Todas las percepciones directas, excepto las percepciones erróneas (Tib. *log shes*), son inequívocas, no equivocadas (Tib. *ma 'khrul ba 'i shes pa*) con respecto al objeto que aparece. (Las percepciones erróneas son percepciones directas distor-sionadas de alguna forma, como un ojo con ictericia que ve una montaña blanca como si fuera amarilla.) Todas las percepciones directas correctas perciben al objeto que les aparece con características intrínsecas o inherentes, lo cual no es erróneo porque, para la svatantrika madhyamaka, to-das las cosas tienen ese carácter intrínseco. Las consciencias conceptuales con respecto a su objeto concebido también lo perciben teniendo carácter intrínseco, y en ese respecto, tampoco son erróneas.

Mientras que la idea de Bhavaviveka sobre la percepción directa es muy similar a la de los budistas especialistas en la lógica como Dignaga, la diferencia radica en el hecho de ser establecidos por sus propias características. Para los especialistas en la lógica, "ser establecidos por sus propias características" se aplica sólo a las cosas impermanentes, objetos capaces de desarrollar funciones. Para la svatantrika madhyamaka, esa clase de naturaleza se aplica a todos los fenómenos existentes, sean impermanentes o permanentes. Así que la percepción directa y las consciencias que captan esa clase de naturaleza —ser establecidas desde su propia naturaleza o su carácter intrínseco— no son erróneas.

Los Maestros prasangika madhyamaka como Chandrakirti rechazan esta idea. Sobre este tema, el Lama Tsongkhapa dice:

El término "carácter intrínseco" no se usa aquí de la misma forma que lo usan los especialistas en lógica, para los que simplemente quiere decir que algo desempeña una función, sino que más bien significa que un objeto tiene su propia naturaleza inherente, pueda o no desempeñar una función. Por lo tanto, los partidarios de la naturaleza inherente afirman que incluso la consciencia conceptual que capta una no cosa como si tuviera una naturaleza intrínseca no es errónea con respecto al objeto concebido. Toda consciencia que no sea errónea con respecto a la naturaleza inherente (del objeto aprehendido) no debe serlo tampoco con respecto a los objetos que aparecen y a los que son concebidos. Por lo tanto, esa consciencia no debe ser errónea con respecto a la realidad absoluta en sí. Nuestro propio sistema (prasangika) no mantiene que esa cognición válida establezca el sujeto, etc.[30]

Para los Maestros prasangika madhyamaka como Chandrakirti la idea es completamente opuesta a la svatantrika. No importa lo válida que sea la cognición con respecto al objeto que aparece o el que es concebido, en términos de aprehender el objeto teniendo una naturaleza inherente establecida desde sus propias características, todas las percepciones son erróneas.

Por ejemplo, la consciencia visual que capta el color rojo de una flor podría ser una consciencia válida en que en cierto nivel no hay error en el objeto en relación con la manera en la que se capta, pero sí es erróneo en el nivel en que la consciencia visual *capta* ese color rojo como si tuviera un carácter intrínseco. Para una consciencia conceptual que comprende la temporalidad del cuerpo, ese podría ser un conocedor inferencial válido con respecto a la comprensión de la impermanencia, pero aun así es erróneo en el hecho de percibir que el cuerpo que está analizando tiene un carácter intrínseco.

Esto muestra claramente la diferencia entre las dos escuelas en cuanto a la afirmación fundamental de cómo existen las cosas, ya sea denominado "carácter o naturaleza intrínseca," "naturaleza inherente" o "existente por sí mismo." Para la svatantrika, los fenómenos existen de esa forma; para los prasangika no existen de ninguna de esas maneras. La prasangika madhyamaka rechaza la afirmación svatantrika (compartida por otras escuelas fundamentalistas) de que los fenómenos –particularmente los que tienen una función– aparecen ante las consciencias sensoriales por su propia naturaleza o carácter, y que en ese contexto las consciencias sensoriales son inequívoca, y por lo tanto válidas. Para la prasangika, esa forma de percibir los objetos es errónea e inválida.

Para la prasangika, todas las consciencias de los seres no Iluminados están equivocadas con respecto a los objetos que aparecen o que son concebidos como poseedores de una naturaleza intrínseca. La única excepción a esto es la consciencia de un arya no Iluminado que tiene una comprensión directa del vacío. Esa consciencia no percibe su objeto de meditación como algo que tiene un carácter intrínseco. Lama Tsongkapa dice:

Las cosas como las formas y los sonidos se presentan ante la consciencia sensorial como si existieran por medio de su propio carácter inherente, mientras que ese carácter inherente no existe ni siquiera de forma convencional. Por lo tanto, Chandrakirti afirma que la consciencia sensorial es errónea incluso a nivel convencional… La razón por la que se considera errónea esa consciencia es que ningún objeto existe por medio de su carácter inherente como parece. Esto lo establece el razonamiento de la consciencia que analiza si las cosas existen de forma inherente o si no existen de ninguna manera, mediante la consciencia válida convencional.[31]

LA DIFERENCIA ENTRE NIVEL ÚLTIMO Y CONVENCIONAL

Para Bhavaviveka y su escuela svatantrika, a nivel último las cosas carecen de existencia verdadera, mientras que en el nivel convencional, las cosas tienen una naturaleza intrínseca o inherente. Para Chandrakirti y su escuela prasangika, las cosas carecen de existencia verdadera en ambos casos.

La diferencia viene de la siguiente afirmación. Los Maestros svatantrika no pueden postular que las cosas y acontecimientos son captados por una consciencia convencional sin afirmar que el objeto tiene algún grado de realidad autónoma. Aunque el objeto en parte es dependiente —ya que depende de causas y condiciones o de partes— aun hay algo que existe desde el lado del objeto en sí.

Por lo tanto, para la svatantrika, el objeto tiene cierto grado de existencia por sí mismo a la vez que depende de la consciencia inequívoca que lo capta. Cuando se unen las dos cosas, surge el objeto. Así que decir que una cosa no tiene naturaleza intrínseca pero existe completamente desde el punto de vista de la consciencia convencional es casi como decir que es no existente.

Para la prasangika, la existencia de las cosas se debe completamente a la consciencia convencional. No hay nada —ni siquiera un poquito— desde el lado del objeto. Este es meramente imputado por la consciencia convencional. Eso no significa que un libro o una mesa no existan. El libro existe, la mesa existe, nuestros sentimientos existen, el dolor existe, pero existen porque esa condición se la ha atribuido la consciencia convencional. Esta es la gran diferencia entre la escuela svatantrika y la prasangika.

Por un lado, tanto Bhavaviveka como Chandrakirti están de acuerdo en que las cosas y acontecimientos están imputadas por la consciencia convencional. Para Bhavaviveka las cosas están postuladas por un conocedor o perceptor válido, una consciencia convencional válida que sea inequívoca. El objeto que se presenta ante la percepción directa es captado como algo que existe con un carácter intrínseco; de la misma forma, el objeto ideado por una mente conceptual es captado como algo que existe con carácter intrínseco. Como esto concuerda con la forma actual de existencia de los fenómenos, dentro de ese contexto la consciencia convencional válida no es errónea.

Por otra parte, Chandrakirti afirma que aun cuando las cosas y acontecimientos existen meramente al ser postulados por la consciencia convencional, hay un error con respecto al objeto de la consciencia. El objeto que se presenta ante la percepción directa es captado *como algo que existe con carácter intrínseco mientras que en realidad no lo es*; el objeto concebido por una mente conceptual es captado como algo que existe con carácter intrínseco mientras que en realidad no lo es. Como esto no concuerda con el modo final de existencia de los fenómenos, que supone que las cosas carecen de existencia intrínseca, incluso una consciencia convencional válida es errónea en este nivel.

Y la diferencia incluso va más allá, al afirmar Bhavaviveka que la existencia de un objeto no está postulada totalmente por la consciencia convencional válida sino que tiene un cierto grado de existencia intrínseca, la cual después queda etiquetada por la consciencia. Chandrakirti, por el contrario, afirma que nada existe de forma intrínseca por sí mismo; todo es meramente imputado por la consciencia convencional.

LA DIFERENCIA EN EL ENTENDIMIENTO DE LA RELACIÓN DEPENDIENTE

Otra diferencia entre las ideas svatantrika y las prasangika surge a la hora de describir la naturaleza de la relación dependiente o del surgimiento dependiente. La svatantrika lo explica en dos niveles diferentes: relación dependiente de causa y efecto y relación dependiente del todo y las partes. El primer nivel es una idea compartida por todas las escuelas budistas. Para poder existir, el resultado depende de las causas. El segundo nivel, el todo y las partes, es una clase de dependencia mutua. Para comprender la existencia del todo dependemos de las partes, y lo mismo ocurre al contrario —para comprender la existencia de las partes dependemos de la existencia del todo.

Mientras que la svatantrika explica esto en dos niveles, la prasangika lleva la explicación de la relación dependiente un paso más lejos, a una relación dependiente simplemente etiquetada. La existencia de cosas y acontecimientos depende por completo de la consciencia convencional que etiqueta a esas cosas y acontecimientos. Para la prasangika, sin la consciencia que etiqueta el objeto, no hay nada que exista por sí mismo. Éste es el nivel más sutil de relación dependiente, el cual no es aceptado por la escuela svatantrika. Volveremos sobre estos niveles más adelante cuando hablemos de nuevo de la relación dependiente y del vacío.

LA DIFERENCIA EN LA IDENTIFICACIÓN DE LOS DOS OSCURECIMIENTOS

Otra de las diferencias entre las dos subescuelas está en la manera de identificar los dos tipos de oscurecimientos a los que nos enfrentamos en nuestro camino espiritual: los oscurecimientos que impiden conseguir la Liberación, y aquellos que encontramos para alcanzar la completa Iluminación. Los que persiguen la Liberación individual —oyentes y realizadores solitarios— deben eliminar la ignorancia fundamental de su continuo mental para poder librarse de esa existencia cíclica y conseguir la Liberación. Al hacer esto, consiguen el cese tanto del sufrimiento como de su origen, principalmente este último. Para la svatantrika, el origen de todo sufrimiento es la ignorancia de ver el yo como una realidad sustancial y auto-suficiente, junto con las propensiones que esa percepción deja en el continuo mental.

Para ellos, esto es la ignorancia, el primero de los doce vínculos de la relación dependiente, y *no* es lo mismo que la mente que percibe la naturaleza verdaderamente existente o intrínseca de las cosas y acontecimientos; esa mente es un oscurecimiento para la Liberación pero no es la verdadera raíz de la existencia cíclica. El apego, la aversión y todas las demás aflicciones surgen de ese aferramiento innato al yo como realidad sustancial y autosuficiente, y por lo tanto eso es lo que los oyentes y los realizadores solitarios deben eliminar.

Los Maestros prasangika madhyamaka como Chandrakirti afirman con rotundidad que la eliminación del aferramiento al yo como entidad sustancial y autosuficiente simplemente conseguirá superar los oscurecimientos burdos que impiden la Liberación. Los oyentes y los realizadores solitarios necesitan ir mucho más lejos para conseguir la Liberación; también tienen que abandonar la mente que se aferra al yo y a las cosas y acontecimientos como algo que posee naturaleza verdaderamente existente e intrínseca. Chandrakirti afirma que esto es necesario, al contrario que Bhavaviveka, que lo ve sólo como un tipo de ignorancia. Para los Maestros prasangika, sin embargo, aferrarse a una naturaleza intrínseca o verdaderamente existente supone sin duda el primero de los doce vínculos de la relación dependiente. Como veremos más adelante, que algo tenga una naturaleza verdadera o última es sinónimo de existir de forma inherente o intrínseca por sí mismo.

La escuela prasangika afirma que sin abandonar este tipo de fijación, no se puede eliminar por completo el apego y la aversión. La predisposición innata de captar la existencia de las cosas y acontecimientos como algo verdadero o inherente es un oscurecimiento en el camino hacia la Liberación.

Los que buscan la Liberación individual se centran sólo en la naturaleza del yo, más que en la de todos los fenómenos, y sólo lo desarrollan hasta alcanzar la visión de la ausencia de una entidad autosuficiente y sustancial, así que aunque puedan superar algunos oscurecimientos, no van a tener el suficiente poder como para eliminar todos los oscurecimientos del camino de la Liberación sólo con estos medios. Chandrakirti, en su *Comentario a la Explicación del Camino Medio*, dice:

> Aunque los oyentes y realizadores solitarios comprendan esta condición de la relación dependiente, todavía les faltará el desarrollo completo de la ausencia de existencia intrínseca de los fenómenos y por lo tanto sólo podrán eliminar las aflicciones asociadas con los tres reinos.[32]

Lama Tsongkhapa dice:

> Los oyentes y realizadores solitarios son capaces de comprender que todos los fenómenos carecen de existencia inherente… Ellos meditan esa idea hasta que cesan sus aflicciones, pero después se conforman con eso y termina su meditación. Por lo tanto, aunque son capaces de eliminar los oscurecimientos del camino de la Liberación, no pueden eliminar todos los oscurecimientos del camino hacia la Iluminación… Incluso aunque meditaran sobre la ausencia de existencia intrínseca de los fenómenos hasta eliminar por completo la ignorancia aflictiva, carecen de una meditación completa sobre la ausencia de existencia intrínseca de los fenómenos.[33]

La escuela svatantrika afirma que la predisposición innata que hace que captemos las cosas y los acontecimientos como algo que tiene un carácter intrínseco y verdadero es el oscurecimiento del camino de la Iluminación, mientras que la prasangika lo ve simplemente como el oscurecimiento a la Liberación. Y así, usando la lógica prasangika, los oyentes y realizadores solitarios tienen que alcanzar el entendimiento no sólo del vacío según se explica en la svatantrika —el yo como vacío de una realidad autosuficiente y sustancial— sino también del vacío de todos los fenómenos como carentes de existencia verdadera, lo cual para ellos es sinónimo de ausencia de existencia inherente.

Así que no es sólo la diferencia en la identificación de lo que es un oscurecimiento que impide la Liberación o uno que impide la Iluminación, también está la sutileza en el punto de vista, en la que el vacío de los fenómenos se debe comprender de forma directa, y eso va más allá de la idea svatantrika de estar vacío de existencia verdadera (pero aún teniendo cierta existencia inherente), y llegar a la ausencia de ambas, la existencia verdadera y la inherente.

Para los Maestros prasangika como Chandrakirti, los oscurecimientos que impiden la Iluminación están identificados como las propensiones de la mente innata a aferrarse a las cosas y acontecimientos como algo que posee una existencia inherente. Y así, el oscurecimiento equivale a las propensiones y también a la apariencia dualista en sí, en el sentido de que las cosas y acontecimientos se presentan como si tuvieran existencia intrínseca. Esto es más profundo que el hecho de aferrarse a la naturaleza inherente; es el hecho de que esa naturaleza inherente se presenta en realidad ante la mente. Sobre esto, el Lama Tsongkhapa dice:

> Debido a la impregnación desde una época infinita del apego a las cosas como algo que existe de forma inherente, se establecieron firmemente propensiones latentes en el continuo mental. Estas propensiones provocan la aparición de aspectos dualistas erróneos; los fenómenos se presentan como algo inherente cuando en realidad no lo son. Estas malas interpretaciones son los oscurecimientos que impiden la Iluminación.[34]

Si esto es así, entonces ¿cuál es la diferencia entre los oyentes y los realizadores solitarios por una parte y los bodhisatvas por otra en cuanto a la comprensión del vacío? En cuanto a la comprensión directa del vacío no hay diferencia. La diferencia está en el hecho de si la comprensión directa del vacío puede actuar como antídoto para los oscurecimientos a la Iluminación. Los bodhisatvas utilizan esa comprensión del vacío para eliminar los oscurecimientos a la Iluminación, mientras que los que persiguen la Liberación individual no lo hacen. Una de las razones es que los bodhisatvas pasan mucho tiempo meditando sobre el vacío. Otra razón es que su comprensión del vacío se apoya en las otras perfecciones y en la bodichita, la motivación para ayudar a todos los seres sensitivos. Esa motivación es la que parece marcar la diferencia. Lama Tsongkhapa dice:

Como consecuencia, aunque la comprensión del vacío es la cura que elimina la propensión de ambos oscurecimientos (el de la Liberación y el de la Iluminación), los oyentes y realizadores solitarios, debido a la duración limitada de sus meditaciones, sólo son capaces de eliminar los oscurecimientos a la Liberación y no los que impiden la Iluminación. Por ejemplo, la misma comprensión de la ausencia de existencia intrínseca es el antídoto para los objetos que tienen que ser eliminados tanto en el camino de la visión como en el camino de la meditación. Sin embargo, la simple comprensión directa de la ausencia de existencia intrínseca puede eliminar los objetos abandonados en el camino de la visión pero no los del camino de la meditación. Para eliminar todos necesitas meditar durante un periodo de tiempo considerable.[35]

5. LA PRESENTACIÓN ÚNICA QUE HACE LA PRASANGIKA DEL VACÍO

El objeto de la negación

¿VACÍO DE QUÉ?

La sexta perfección, la de la sabiduría, se refiere a la sabiduría que entiende la forma final de existencia de las cosas y acontecimientos, lo cual, para la escuela prasangika es la ausencia de existencia inherente o intrínseca. La visión superior se refiere a la mente que entiende esa clase de realidad. Por lo tanto es de vital importancia identificar en qué consiste esa existencia intrínseca, para poder ver que el objeto de meditación está realmente *vacío* de esa existencia intrínseca.

Como dijimos en el capítulo tres, para poder cazar al ladrón primero tenemos que identificarlo, y de la misma forma antes de que podamos experimentar el vacío o incluso comprenderlo, primero tenemos que ver de qué están vacíos los fenómenos, cual es el objeto que tenemos que negar. ¿Cuál es el "yo" del que carecemos? Cuando decimos vacío, ¿vacío de qué? Si tenemos una idea clara de esta cosa que asumimos erróneamente que existe —la noción de yoidad en cualquier nivel de percepción— entonces no será muy difícil la comprensión de la ausencia de existencia intrínseca o vacío. Si, por otra parte, no tenemos ni idea de lo que se supone que tenemos que negar, tendríamos muchos problemas para conseguir una comprensión total del vacío.

Si observamos que nuestra idea del "yo" es algo independiente de los agregados, el objeto de análisis sería descubrir si en realidad existe de esa manera. De la misma forma, en un segundo nivel, si vemos que el "yo" parece sustentarse por sí mismo, con alguna realidad sustancial dentro de los agregados, entonces deberíamos investigar si en realidad existe de esa manera.

Por lo tanto en los cinco textos madhyamaka más importantes del Lama Tsongkhapa, éste argumenta firmemente que para comprender el vacío es imprescindible identificar claramente el *objeto de negación*. Eso es lo que estamos haciendo aquí. Nuestro sentido de lo que somos, nuestro sentido de identidad, el "yo," —sea lo que sea lo que sintamos, está en el centro de nuestro ser— *eso* es lo que tenemos que ver claramente, antes de que podamos analizar el hecho de si existe o no de esa manera. En su *Lamrim Chenmo* dice:

> En cuanto a los objetos de negación, hay objetos negados por el camino y objetos negados por la razón. Maitreya habla de los primeros en su *Separar el Centro de los Extremos*:
>
>> Hay enseñanzas sobre los oscurecimientos a la Liberación
>> Y (enseñanzas) sobre los oscurecimientos a la Iluminación.
>> Se dice que todos los oscurecimientos están entre estos,
>> Y que cuando se eliminan entonces eres libre.[36]

El Lama Tsongkhapa habla de dos objetos de negación que se tienen que eliminar de nuestro continuo mental:

- Los objetos negados por el camino
- Los objetos negados por la razón

Los objetos negados por el camino son objetos existentes tales como nuestro apego, el odio, etc., y pueden constituir oscurecimientos a la Liberación tanto como a la Iluminación. Cualquier cosa que nos separe de la libertad completa del samsara —nuestros pensamientos, emociones, hábitos físicos o verbales, etc.— está considerada como oscurecimientos a la Liberación, y las propensiones más sutiles que se crean con esto se consideran oscurecimientos a la Iluminación.

Ambos oscurecimientos existen, y ambos quedan reducidos y finalmente eliminados al seguir en el camino el aspecto del método.

Si albergamos odio, por ejemplo, en nuestro continuo mental, necesitamos reducirlo y eliminarlo, y el método consiste en cultivar el amor, que forma parte del camino hacia ambos la Liberación y la Iluminación. Por lo tanto, el odio *es negado por el camino*. De forma similar, el apego instintivo de nuestra mente a la permanencia de nuestro cuerpo (aun sabiendo que no es permanente) tiene que ser negado y se logra al comprender la temporalidad, la impermanencia. Cuando ocurre esto, se dice que la permanencia ha sido negada por el camino.

En un segundo nivel Tsongkhapa habla de los *objetos negados por la razón*. Esto significa que a través del análisis racional llegamos a entender que algo que existe supuestamente de una forma determinada, en realidad no es así, y por lo tanto queda negado por medio de la razón.

Imagina, por ejemplo, que una persona enferma comienza a delirar. Las alucinaciones que tiene no existen, pero esta persona sólo podrá eliminarlas después de tomar la medicina y recuperarse. Lo mismo ocurre con la existencia inherente. La mente capta un objeto como algo que existe de forma inherente, cuando en realidad no es así. Podremos llegar a esta conclusión a través del análisis racional, y la apariencia de existencia inherente quedaría eliminada. Estaría *negada por la razón*.

El objeto negado por la razón debe ser un objeto no existente, de otra forma la razón no podría negarlo. Esto no quiere decir que como la realidad inherente no existe debamos olvidarnos de ella. Nuestra mente lo percibe como existente, y esto afecta todo lo que hacemos provocando todo tipo de problemas, así que tenemos que detectar la manera en que nuestra mente nos quiere imponer este falso sentido de la existencia verdadera y después utilizar el análisis racional para eliminarlo. Si lo hacemos así, la mente dejará de percibirlo como tal. El Lama Tsongkhapa dice:

Nagarjuna divide los objetos de negación en dos, las malas interpretaciones y la naturaleza inherente que capta esas malas interpretaciones. El más importante de los dos es el segundo. Esto es porque para detener una mala interpretación primero hay que negar el objeto percibido por ella, de la misma forma que la relación dependiente niega la existencia inherente de las personas y los fenómenos.

El segundo objeto no puede ser un objeto de conocimiento porque si existiera no podría ser negado (por la razón). Lo que se debe negar es la suposición de percibirlos como existentes. Esto no es como destruir una tetera con un martillo, sino que supone desarrollar un cierto conocimiento que nos haga ver las cosas no existentes como algo no existente. Al desarrollar ese entendimiento, la mala interpretación de captar las cosas como existentes comenzará a cesar.[37]

Hay dos aspectos aquí: la mente que de forma errónea capta la existencia inherente, y la apariencia errónea de las cosas existiendo de ese modo. Según Lama Tsongkhapa, el segundo es el más importante. Por supuesto que lo que nos causa las dificultades es la mente que capta las cosas, pero para tratar con esa mente hay que usar el método del entendimiento a través del análisis racional que nos muestra cómo lo que parece que existe en realidad no existe.

La razón identifica lo que existe como existente y lo que no existe como no existente. Pero no crea cosas existentes partiendo de cosas no existentes, ni tampoco crea cosas no existentes partiendo de cosas existentes. Al analizar si una silla existe o no, la razón nos dice que sí. Al analizar si una silla existe de forma intrínseca o no, la razón nos dice que no.

En este nivel podemos denominarlo *análisis final*. La mente de este nivel último en ese análisis nos muestra que las cosas y acontecimientos carecen de la naturaleza intrínseca que parecían tener, y por lo tanto niega esa naturaleza intrínseca. No es que sí que exista y que por algún tipo de truco el análisis final lo convierte en no existente, sino que simplemente se descubre la no existencia de algo que erróneamente pensábamos que existía.

REFUTAR EL OBJETO DE REFERENCIA

Se dice que la posición prasangika se "balancea sobre el filo de un cuchillo" –vacilar ligeramente hacia un lado u otro es inclinarse por el eternalismo o por el nihilismo. Por eso se hace mucho énfasis en qué es lo que se debe negar y qué no se debe negar. Cuando meditamos sobre el vacío de un objeto como el yo, *no* es el objeto lo que estamos negando sino su existencia inherente.

Aquí debemos diferenciar entre el *objeto observado* y el *objeto de referencia*. Son términos que se usan en psicología budista para referirse al campo de observación en su conjunto –lo que la mente toma como su objeto principal– y al aspecto específico de ese objeto sobre el que centra la mente. Por ejemplo, en un análisis racional sobre el vacío del yo, el objeto observado es el yo, mientras que el centro principal de la investigación es el objeto de referencia, que es la existencia inherente del yo tal y como se presenta ante la mente del análisis.

De estos dos objetos del ejemplo, el objeto observado (el yo) *sí* existe; el objeto de referencia (la existencia intrínseca del yo), por otra parte, *no* existe.

Confundir el objeto de negación es el principal obstáculo para alcanzar el vacío, y el Lama Tsongkhapa deja bastante claro que el objeto de referencia es en lo que nos tenemos que centrar. Dice:

Basándose en el objeto (de referencia) incorrecto… las escuelas esencialistas budistas y las no budistas concretizan y solidifican los objetos. Cuando niegas la referencia de la conceptualización de la mente ignorante destruyes aquellas solidificaciones relacionadas con la doctrina, como cuando cortas un árbol por la raíz. Por lo tanto, aquellos que poseen la sabiduría deberían entender que el objeto de referencia de la ignorancia innata es el principal objeto de negación… Solo la ignorancia innata amarra a todos los seres a la existencia cíclica; la ignorancia adquirida de forma intelectual es el ámbito de aquellos que sostienen doctrinas filosóficas y por lo tanto no puede ser la raíz de la existencia cíclica. Es de vital importancia comprender completamente este punto.[38]

Es muy difícil identificar con precisión el objeto de negación. Como es un objeto tan sutil, es fácil que lo magnifiquemos o lo minimicemos, y de la misma forma, que lo rechacemos demasiado o demasiado poco. Si confundimos la existencia inherente con la existencia en sí y la rechazamos, entonces estamos rechazando demasiado y caemos en el nihilismo. Por otra parte, si no hacemos un análisis en profundidad y, por ejemplo, rechazamos el yo sólo como algo unitario, inalterable y unitario, entonces nos habremos quedado cortos, y debido a esa postura eternalista permaneceremos alejados de la verdad.

Incluso rechazar el yo como algo autosuficiente y sustancial, como hacen las escuelas menores hasta la svatantrika, no es suficiente para comprender la forma final de existencia del yo y de los fenómenos. Y tampoco es suficiente para comprender la postura chitamatra de que la dualidad del sujeto y el objeto es una idea equivocada innata. Esto es la raíz de la existencia cíclica para la escuela chitamatra, pero no para la prasangika. Para ellos, comprender la forma final de existencia del yo y de los fenómenos supone entender que ambos carecen de naturaleza intrínseca.

EL OBJETO DEL ANÁLISIS ÚLTIMO

Hay diferentes niveles de análisis racional. Por un lado, nuestra mente racional piensa a través de la lógica de lo que sucede a nuestro alrededor, buscando razones, comprobando si las cosas son como parecen. Si queremos un girasol, plantamos una semilla de girasol, y no la de una patata, porque razonamos que la semilla de girasol se convierte en un girasol. Todos los días, y de múltiples formas diferentes, usamos este tipo de razonamiento convencional.

También está la mente racional que analiza lo que hay por debajo de esa existencia convencional. Aquí vemos cómo a pesar de las cadenas de la causa y efecto que dominan nuestras vidas también hay un sentido subyacente de que las cosas tienen algún tipo de independencia, y por lo tanto tenemos que buscar en profundidad para descubrirlo. Esto es lo que se llama análisis último. En el próximo capítulo trataremos algunos de los análisis racionales más poderosos que se usan dentro de la escuela madhyamaka.

Sabemos que el "yo" existe pero ¿tiene algún tipo de existencia independiente? Si hubiera algún grado de realidad intrínseca dentro del "yo", estos análisis racionales lo revelarían, porque es justo lo que están buscando. La realidad intrínseca no se puede encontrar ni aun usando las líneas de razonamiento más profundas, y por eso se dice que "no resiste el análisis racional," una frase que podrás leer a menudo en la lógica madhyamaka.

Es importante dejar claro que los Maestros prasangika madhyamaka no niegan la existencia del "yo", el cuerpo, el dolor, la mesa, etc.; lo que argumentan es que la mente capta estas cosas como si tuvieran naturaleza inherente, cuando en realidad no la tienen. Lama Tsongkhapa dice:

Es buscar para descubrir si las formas y todo lo demás tienen una naturaleza inherente que es producida, cesa, etc. Y así, el propósito de ese análisis racional no es simplemente para ver que las formas y todo lo demás incluyen producción y cese, sino más bien para ver si esa producción y cese existen de forma esencial. Se dice que "analiza la realidad" porque analiza si la producción y el cese están establecidos en la realidad.[39]

Al no encontrar la existencia verdadera, la realidad intrínseca, las cosas existentes por sí mismas —o como quiera que lo llamemos– mediante el análisis racional de los fenómenos que existen de forma convencional, podemos concluir que no existen de esa forma. Es como buscar una persona en concreto en la biblioteca, por ejemplo John. Si usamos todos los medios posibles y seguimos sin poder encontrarlo, es una señal de que John no está en la biblioteca. Si estuviera allí, la mente que lo está buscando debería encontrarlo.

El hecho de no poder encontrar a John no quiere decir que no exista. Tampoco podemos decir que el libro de John no esté en la biblioteca, porque nuestra exploración racional se extiende sólo a John y no a su libro. Al no encontrar a John, la conclusión correcta es que no está en la biblioteca; al no ver su libro, no podemos concluir que no está allí, porque no es lo que está buscando la mente.

Aquí ocurre lo mismo. Si el objeto que estamos analizando poseyera algún tipo de naturaleza intrínseca, entonces al usar todos los medios disponibles –todos los métodos de análisis racional– deberíamos ser capaces de encontrarla. El hecho de que esa clase de análisis no pueda encontrar la naturaleza intrínseca del "yo" o de la mesa o de lo que sea no quiere decir que la cosa en sí no exista.

Al final del análisis la mente racional no puede encontrar ningún vestigio de existencia intrínseca, lo cual es el sentido de "no ha superado el análisis." A menudo este tipo de análisis se denomina "análisis sobre la realidad final" porque busca la forma final de existencia de las cosas y acontecimientos.

"Rechazado" o refutado por el análisis racional y "no encontrado" por el análisis racional son cosas distintas. Este análisis no encuentra la existencia convencional de las formas simplemente porque no es lo que está buscando. La existencia intrínseca, por el contrario, no es solo no encontrada por ese análisis, pero además es rechazada porque *eso* es exactamente lo que está buscando.

Sólo la consciencia convencional puede establecer la producción o el cese de un objeto. Ése es su trabajo. Sólo el análisis final puede establecer la ausencia de realidad intrínseca de esa producción o cese. *Ése* es su trabajo.

¿QUÉ ES LA NATURALEZA INTRÍNSECA?

Para la prasangika madhyamaka, cuando la ausencia de existencia intrínseca se asocia con el sentido de identidad –el yo– se denomina *la ausencia de existencia intrínseca del yo, la persona*, y cuando se asocia con cualquier otra cosa que no sea el sentido de identidad, se llama *la ausencia de existencia intrínseca de los fenómenos*.

Esta subescuela es diferente de la anterior, la svatantrika, en el sentido de que el vacío o la ausencia de existencia intrínseca es la misma calidad pero con diferente nombre dependiendo del objeto con el que se asocie. En cuanto a ¿de qué está vacío?, no hay diferencias en las características del vacío; por debajo de la prasangika madhyamaka hay una gran diferencia. La svatantrika y la chitamatra afirman que hay dos tipos de vacío, pero cuando lo postulan no sólo diferencian la base sino que también diferencian de qué está vacío. Por ejemplo, en la svatantrika, el vacío de las personas es más burdo que el vacío de los fenómenos. La ausencia de existencia intrínseca de las personas en las escuelas inferiores, como ya hemos dicho, es la ausencia de realidad autosuficiente y sustancial.

Este "yo" tiene lo que el Lama Tsongkhapa llama "un estatus ontológico independiente" porque no sólo es independiente de causas y condiciones sino también, y esto es muy importante, de la consciencia que lo capta. La prasangika niega que el yo pueda existir de esa forma y afirma que "depender de otro" significa depender de ambos, las causas y las condiciones que hacen posible su existencia y la consciencia convencional que lo capta. Lama Tsongkhapa dice:

Por lo tanto, a todo lo que existe de forma objetiva o esencial se le llama naturaleza inherente, y la ausencia de esta cualidad en la persona se denomina ausencia de existencia inherente o intrínseca del yo, mientras que su ausencia en los fenómenos como en los ojos, oídos, etc., se denomina ausencia de existencia inherente o intrínseca de los fenómenos. De esto se desprende que la mala interpretación de la persona y los objetos como algo con naturaleza inherente son sus objetos. En su *Comentario a los Cuatrocientos Versos*, Chandrakirti dice:

Una entidad con existencia propia sería la naturaleza esencial de las cosas independiente de otras, su naturaleza inherente. El hecho de que esto no exista es su ausencia de existencia propia o inherente. Porque todos los fenómenos están divididos en dos: persona y fenómenos, de la misma forma la ausencia de existencia intrínseca está dividida en dos: la ausencia de existencia intrínseca del yo y la ausencia de existencia intrínseca de los fenómenos.[40]

Los Maestros usan muchos ejemplos para mostrar cómo las cosas no existen por sí mismas. Uno de los ejemplos más efectivos es el de la cuerda enrollada percibida como una serpiente cuando se dan ciertas circunstancias, como cuando la ves en el crepúsculo al lado de la carretera. Desde el punto de vista de la cuerda no hay nada de serpiente en ella; la percepción errónea viene completamente del lado de la persona. Esto es lo que la prasangika quiere decir con "establecido por la mente." Pero incluso si fuera una serpiente, de la misma forma no habría nada en sí misma que fuera serpiente; incluso en ese caso todo vendría de la mente que la percibe.

No hay nada en la serpiente en sí que sea inherentemente "serpiente" y nada en la cuerda en sí que sea inherentemente "cuerda." En este punto del argumento los Maestros svatantrika se echarían las manos a la cabeza y demandarían saber cómo se puede entonces determinar cualquier cosa. Seguramente podríamos etiquetar cualquier nombre sobre cualquier cosa y sería válido. Debe de haber *algo* desde el lado de la serpiente que la determine como serpiente en oposición a la cuerda. La respuesta prasangika es un rotundo "¡no!," no hay nada. Sin embargo, la mente que percibe la cuerda como una serpiente y la mente que percibe la cuerda como cuerda son dos mentes diferentes, y simplemente la primera es errónea y la segunda es correcta, o en términos prasangika, es "válida."

El punto donde falla el argumento es ese punto pequeño pero crucial de la existencia inherente. No hay nada desde el lado de la cuerda o desde el lado de la serpiente que "por medio de su propia naturaleza" haga que sea una serpiente de forma inherente en ambos casos, y en ese sentido la consciencia que percibe una serpiente inherente como serpiente inherente es tan errónea como la consciencia que percibe una cuerda inherente como serpiente inherente.

A nivel convencional, por supuesto, hay una gran diferencia, y confundir una cuerda con una serpiente es simplemente un error. Se puede probar que es un error por medio de otra consciencia convencional válida que analice la situación. En ese caso, por ejemplo, cuando alguien más entra en escena con una linterna se puede descubrir que la serpiente en realidad era una cuerda. Digamos, sin embargo, que en realidad es una serpiente, entonces otra consciencia válida la verá como tal, y la primera mente que percibe la serpiente como serpiente será mostrada como correcta, o para ser más preciso, como "válida."

Excepto para las percepciones directas del vacío, *todas* las percepciones directas de seres no Iluminados son erróneas, ya que perciben el objeto con existencia inherente, pero algunas son válidas —a nivel convencional captan el objeto tal como es (una serpiente como una serpiente)— y otras son no válidas.

Lo que tenemos que aprender, según la prasangika, es que al confundir la cuerda con una serpiente, el miedo que se genera es el mismo que si realmente fuera una serpiente. Y esto es válido para todo el samsara. Al percibir erróneamente los objetos como poseedores de existencia inherente, y así convertirlos en inherentemente deseables, temidos, odiados, etc., estamos generando mentes negativas y nos estancamos para siempre en la existencia cíclica.

Las percepciones "válidas" o "erróneas" están determinadas por otra consciencia válida que analiza su validez. Esa es la única diferencia. Desde el punto de vista del objeto, ya sea la cuerda o la serpiente, no hay nada que exista como serpiente de forma objetiva u ontológica. Es imputado y establecido completamente por la consciencia convencional.

ALGUNAS ACLARACIONES SOBRE EL AFERRAMIENTO INNATO A LA EXISTENCIA INHERENTE

En algunas de las enseñanzas de Chandrakirti, como su *Comentario al Camino Medio* o su *Palabras Claras*, se dice que la falsa visión de lo compuesto y transitorio del "yo" o "mío" es la raíz de la existencia cíclica. En algún otro sitio hemos leído que el primero de los doce vínculos del origen dependiente –la ignorancia– es la raíz de la existencia cíclica, y que es el aferramiento innato que considera que el yo y los fenómenos tienen existencia inherente. Aquí surge la pregunta, ¿hay dos raíces de la existencia cíclica, una el aferramiento innato a lo que existe inherentemente y la otra la falsa visión de la visión transitoria del "yo" o "lo mío"?

En general, la falsa visión de lo compuesto y transitorio se refiere a la mente que usa los cinco agregados (ya use todos, uno, o más de uno) como base y después los considera como un yo intrínseco. Por eso se le llama "la falsa visión de lo compuesto y transitorio." Los cinco agregados –lo compuesto– que están sujetos a cambios –transitorios– son erróneamente considerados como un yo con existencia inherente, el objeto observado (según la postura prasangika), o el yo con existencia verdadera o última (según la postura svatantrika).

Hacia la mitad de su *Lamrim Chenmo*, cuando el Lama Tsongkhapa explica el orden en el que surgen las aflicciones, se dan dos visiones. En primer lugar, pone el ejemplo de la cuerda enrollada confundida en la oscuridad con una serpiente, diciendo que la confusión debido a la oscuridad equivale a cómo confunde la mente la forma de existir de los agregados debido a la oscuridad de la ignorancia. Las otras aflicciones se desarrollan a partir de ésta. La cuerda parece una serpiente debido a las condiciones –la apariencia de la cuerda, la oscuridad de la carretera, nuestra propia predisposición– y *eso* es la ignorancia. La falsa visión de lo compuesto y transitorio, por otra parte, no es el conjunto de causas y condiciones que hacen que la cuerda parezca una serpiente, sino la mente que percibe la cuerda como una serpiente. Eso significa que la falsa visión de lo compuesto y transitorio ocurre *desde* la ignorancia y no es algo primario. La otra opción es ver estos dos elementos como idénticos; la falsa visión de lo compuesto y transitorio en sí es la ignorancia, y no hay diferencia entre ellos.

En la sección de la *Visión* de *Lamrim Chenmo* se desarrolla este tema aun más, y se aclara la explicación de Chandrakirti de la falsa visión de lo compuesto y transitorio diciendo que la ignorancia como raíz de la existencia cíclica es el aferramiento innato a la existencia intrínseca, ya sea del "yo" o de otros fenómenos como la sensación, el cuerpo u otros objetos. El aferramiento a la existencia intrínseca o inherente es algo más amplio que la falsa visión de lo compuesto y transitorio, donde el objeto observado debe ser específicamente el "yo". Basándose en los cinco agregados la mente mantiene que el "yo" que está dentro de ellos tiene una naturaleza inherente. Esta es la falsa visión de lo compuesto y transitorio y también es ignorancia.

No hay dos raíces de la existencia cíclica. Aferrarse a todos los fenómenos (incluido el "yo") como algo que posee naturaleza intrínseca es mucho más amplio que simplemente aferrarse al "yo", lo cual equivale a la falsa visión de lo compuesto y transitorio, pero los dos señalan a la misma raíz de la existencia cíclica.

El "yo" que vemos en el término *aferramiento a un yo con existencia intrínseca* no es el "yo" que convencionalmente existe. En este contexto "yo" se refiere a un yo que existe de modo intrínseco. Cuando ese aferramiento a la existencia intrínseca se enfoca en el yo a eso lo denominamos "la visión de lo compuesto y transitorio". No estamos negando el yo como objeto de observación; lo que estamos negando es el objeto referente, el sentido de existencia inherente que la mente le atribuye a dicho "yo".

6. ESTABLECER EL VACÍO

Líneas de razonamiento

En los capítulos anteriores vimos cómo las diferentes escuelas budistas explicaban la ausencia de existencia intrínseca o el vacío como naturaleza del yo y de los fenómenos. Lo que siempre debemos tener en cuenta es que, no importa a qué nivel de profundidad exploremos el conocimiento del vacío, en realidad el vacío no es una cualidad impuesta sobre un objeto ya existente, no es una característica añadida que no estaba allí antes de empezar la investigación. El vacío que proclaman las diferentes escuelas se refiere a la verdadera naturaleza del objeto, a nada más.

Todo se puede analizar de diferentes formas, pero el análisis más profundo que podemos hacer es explorar la forma final de existencia del objeto, lo cual nos va a indicar que no posee esa realidad concreta que nosotros instintivamente le atribuimos. Cualquier nivel de vacío que tomemos como nuestro nivel de exploración, *no* es algo que estemos imponiendo sobre un objeto que existe de forma intrínseca, al igual que ponemos un sombrero sobre una cabeza. No estamos sobreimprimiendo la característica del vacío sobre algo que antes no la tenía, sino que, a través del razonamiento o del análisis descubrimos la verdad que se escondía en el objeto.

A partir de ahora nos centraremos en la afirmación que hace sobre el vacío la subescuela prasangika madhyamaka, que incluye tanto a las personas como a los fenómenos. En cuanto a lo que se debe negar, no existe esa diferencia de sutileza entre los dos. Para entender ambos, el practicante tiene que negar la noción de naturaleza o existencia intrínseca.

Hay muchas formas diferentes de disipar el error de ver y creer que los fenómenos tienen una naturaleza intrínseca. Como hemos visto, los Maestros prasangika usan los argumentos que reportan consecuencias para establecer el vacío, pero los argumentos lógicos positivos (o los silogismos autónomos) también son poderosos, y por eso vamos a analizar ambos. Este tipo de exploración racional se denomina "línea de razonamiento" porque coge una premisa y la analiza paso a paso, ya sea rechazándola (como en los argumentos que reportan consecuencias) o probándola (como en los silogismos).

Es verdaderamente importante tener en cuenta que sea el que sea el razonamiento que estemos usando a la hora de explorar el vacío del yo y de los fenómenos, nuestro análisis no tiene que ser sobre *si* esos objetos existen o no, sino sobre *cómo* existen. Ya sea el objeto el sentido del yo, fenómenos internos como el pensamiento, sentimientos o los otros agregados, o fenómenos externos como los coches, las montañas, etc., el debate nunca es el hecho de si existen o no, sino cómo existen en realidad. La forma final de existencia es el punto de debate.

Más adelante veremos con detalle la línea de razonamiento denominada *el análisis de los siete puntos*. Tomaremos un carro como ejemplo y exploraremos las diferentes formas que tiene de relacionarse con las partes que lo componen, y lo usaremos como analogía para explorar el "yo" y la relación que tiene con sus agregados (cuerpo y mente). Repito que no analizaremos el hecho de si existe o no, sino cómo existe. El "yo" tiene dos aspectos desde el punto de vista prasangika. Primero tenemos el mero "yo," simplemente etiquetado sobre los cinco agregados –y este "yo" sí existe– luego está el "yo" que percibimos la gente como tú y como yo que no hemos alcanzado el vacío. Éste es el "yo" que se nos presenta con algún grado de realidad intrínseca, por encima y más allá de los agregados. Éste "yo" es totalmente inexistente.

Para los Maestros prasangika como Nagarjuna, Aryadeva y Chandrakirti, el argumento que reporta consecuencias más poderoso es el análisis de los siete puntos, donde exploramos todas las formas en que el yo se puede relacionar con los agregados, mediante el uso de la analogía del carro y sus partes.

Otro argumento que reporta consecuencias es el denominado *pedacitos de diamante* o *rechazar las cuatro posibilidades de producción*, en el que se exploran los cuatro tipos posibles de producción para ver si hay algo que pueda ser producido inherentemente por una causa. Una línea similar de razonamiento, llamada los *cuatro extremos*, analiza si hay realidad intrínseca dentro de los resultados, más que fijarse en las causas.

La que se considera la línea de razonamiento silogística más poderosa es el surgimiento dependiente, la relación dependiente, a menudo denominado *el rey del razonamiento*. Los Maestros han encontrado que usando este tipo de razonamiento no sólo se acaba con la visión eternalista al mostrar que nada existe de forma independiente, sino que también se acaba con la visión nihilista porque al surgir de forma dependiente, las cosas sí existen. De esta forma, una línea de razonamiento es capaz de acabar con ambos extremos.

EL ANÁLISIS DE LOS SIETE PUNTOS

El análisis de los siete puntos es una línea de razonamiento muy poderosa utilizada por Chandrakirti y por los Maestros prasangika. Consiste en presentar un carro y mostrar las diferentes interrelaciones que parece tener con sus partes, y después mediante el análisis probar que en realidad no puede tener esas interrelaciones. Desde el punto de vista de las partes del carro, no hay nada que pueda establecer la existencia verdadera del carro. Esta es una simple analogía que prueba que, de la misma forma, partiendo de los agregados no hay nada que pueda establecer la existencia verdadera o intrínseca del yo. Aunque este tipo de análisis parece ser del dominio prasangika, líneas idénticas de razonamiento fueron utilizadas por otras escuelas budistas, incluidas algunas muy antiguas.

Las analogías pueden resultarnos muy útiles a la hora de comprender temas muy sutiles. Por ejemplo, en *Los Sutras del Prajnaparamita*, el mismo Buda establece muchas ideas de una forma poética para expresar la naturaleza vacía de las cosas y los acontecimientos, explicando que estos son como ilusiones, a las que haremos referencia más tarde. Aquí, a través de la analogía de cómo existe el carro en relación con sus partes, sería fácil transferir estas ideas al hecho de cómo existe el yo en relación con los cinco agregados. Chandrakirti resume las formas en que un carro se puede relacionar con sus partes en su *Comentario al Camino Medio*:

> Un carro no se puede afirmar que sea otra cosa que sus partes, ni que no lo sea.
> Él no las posee.
> No depende de las partes ni las partes dependen de él.
> No es la mera conjunción de sus partes, ni tampoco es la forma de éstas. Esto es así.[41]

Aunque la estrofa es muy corta y puede parecer un poco confusa al principio, está concebida como un apunte para la meditación, y después de haberlo estudiado en profundidad se podrá ver que presenta el análisis de una forma condensada. Los siete puntos son:

1. El carro no puede ser idéntico a sus partes
2. El carro no se puede decir que es algo separado de sus partes
3. Las partes del carro no existen de forma intrínseca como la base del carro
4. El carro no existe de forma intrínseca dependiendo de sus partes
5. El carro no posee a sus partes
6. El carro no es idéntico a la agrupación de sus partes
7. El carro no es la forma de sus partes

Por supuesto que conocemos el resultado de este análisis antes de empezar, pero debemos ser buenos científicos y dejar a un lado todas las ideas preconcebidas que tengamos. Vamos a analizar si un objeto existe (en este caso, el carro), y para hacer esto necesitamos un razonamiento mental totalmente imparcial.

Algunos Maestros dicen que cuando hacemos este análisis debemos resurgir como una persona completamente nueva, como una página en blanco, alguien que no sabe nada de la ausencia de existencia intrínseca o realidad intrínseca, que nunca ha oído las palabras "carente de existencia inherente." Es como si acabas de salir a la calle para preguntar a un tendero por la hora y él te pide que le ayudes a encontrar su carro (¡aunque no estoy seguro de que haya tenderos con carros hoy en día!).

Hay dos partes en este análisis que es importante que comprendamos. *La base del análisis* es las partes del carro, y *el objeto del análisis* es si el carro basado en esas partes tiene algún tipo de existencia intrínseca. Entonces dirigimos el análisis hacia el yo, y hacia su relación con los cinco agregados, y exploramos si *la base del análisis* —el yo— existe de forma inherente como parece.

1. El carro no puede ser idéntico a sus partes

En esta primera parte del análisis examinamos el carro y sus partes para ver si son intrínsecamente idénticos o no. Si fueran intrínsecamente idénticos, nos encontraríamos con que no puede haber ninguna diferencia entre los dos. Si eso fuera así, como el carro es singular, cada una de sus partes debe ser singular también, y no pueden ser muchas, que en realidad lo son. Y a la inversa, como hay muchas partes —la rueda, el eje, los clavos, etc.— se deduciría que hay muchos carros, uno por cada parte del carro. Cuando hacemos este análisis todas estas incoherencias resultan evidentes.

1a). El yo no puede ser idéntico a sus agregados

Al dirigir este mismo análisis hacia el yo y sus agregados, ocurre lo mismo. Aunque a la mente no analítica le podría parecer que el yo y los agregados son intrínsecamente idénticos, cuando comenzamos el análisis empiezan a surgir las mismas dificultades que en el caso del carro. Como el yo es singular, entonces los agregados deben ser singulares. Como los agregados son muchos (tradicionalmente son cinco, pero podemos contar miles de mentes y partes del cuerpo dentro de esos cinco), entonces debería haber muchos "yoes". En realidad los agregados no son singular, y al contrario el yo no es plural. Al ver estas conclusiones absurdas podemos afirmar que, primero, el carro no es intrínsecamente uno con las partes, y segundo, el yo no es intrínsecamente uno con los agregados.

El Lama Tsongkhapa además afirma que si el yo y los agregados fueran idénticos, el concepto de "yo" sería redundante. Dice:

> Si el yo se viera como inherentemente uno con los agregados, no tendría sentido defender una identidad igual a los agregados, es como afirmar la existencia del sol y del astro rey (forma popular de designar al sol). Este asunto es tratado por Nagarjuna en su *Tratado Fundamental*:

> Cuando no hay yo aparte de los agregados apropiados,
> Entonces los agregados apropiados son el yo,
> Y por eso el yo que tú propones no existe.

Más aun, si la persona y los agregados fueran inherentemente uno, como una persona tiene muchos agregados una persona tendría muchos "yoes," o a la inversa, como sólo hay un "yo," sólo habría un agregado.[42]

2. El carro no se puede proponer como algo separado de sus partes

Aquí analizamos si el carro es intrínsecamente diferente de sus partes. Si lo fuera, entonces carro y partes tienen que ser vistos como un gato y un perro, es decir sin tener relación alguna, porque el hecho de ser intrínsecamente diferentes quiere decir que no puede haber relación entre ellos. Podemos relacionar a un gato con sus patas, o incluso podemos relacionar al gato con sus gatitos, pero no hay ningún nexo entre un gato y un perro.

Extrapolándolo al carro y sus partes, al ser éstos intrínsecamente diferentes y por lo tanto sin relación alguna, nos encontramos con un montón de contradicciones. El carro no puede existir sin sus partes, y el carro y sus partes no se pueden ver como fenómenos totalmente distintos, al igual que vemos a un perro y un gato.

2 a). *El yo no se puede proponer como algo separado de sus agregados*

Al dirigir nuestro análisis hacia el yo, tenemos que analizar si el yo existe de forma intrínseca, separado de sus agregados o no. Si estuvieran totalmente separados, las características de los agregados –surgimiento y cese, dolor y placer, etc.– no afectarían al yo, de la misma forma que las características del gato no afectarían al perro debido a que son entidades diferentes. De la misma forma, ninguna característica de una mesa –las patas, el tablero, las funciones– puede afectar a una cama, y viceversa, porque son fenómenos diferentes.

Aquí el yo y los agregados no sólo son diferentes sino que son intrínsecamente diferentes, así que cuando los agregados sufren cambios, el yo no se ve afectado; sin embargo en la realidad por supuesto que sí ocurre. Esta es la clase de contradicción que tenemos que descubrir mediante el análisis. Sobre esto, el Lama Tsongkhapa dice:

> Más aun, si el "yo" tuviera una naturaleza intrínseca diferente a las características que definen a los cinco agregados, como tener forma por ejemplo, entonces sería obvio, del mismo modo, que la forma y la mente son visiblemente diferentes. Como el yo no es captado de esta forma, no tiene otro significado que el que procede de las características de los agregados.[43]

3. Las partes del carro no existen de forma intrínseca como la base del carro

Esta parte del análisis supone analizar si las partes del carro actúan intrínsecamente como la base del carro. Si las partes actúan como una base intrínseca del carro, entonces tanto las partes como el carro son, de acuerdo a la analogía de Lama Tsongkhapa, como un cuenco con yogurt dentro, con el intrínseco cuenco como recipiente y el intrínseco yogurt como contenido totalmente diferente al cuenco. Si las partes del carro fueran la base intrínseca del carro, entonces deben tener esta clase de característica distintiva.

3 a). Los agregados no existen intrínsecamente como base del yo

De forma similar, si los cinco agregados fueran la base intrínseca del "yo", los agregados y el "yo" deben tener también esa clara distinción, al igual que el cuenco y el yogurt. Aunque los cinco agregados hacen de base sobre la que se etiqueta el "yo", no constituyen una base intrínseca. Es importante tener esto en cuenta. No estamos diciendo que los cinco agregados no sean la base sobre la que se etiqueta el "yo", lo que ocurre es que no son la base *intrínseca* de la etiqueta yo. Si lo fueran, el "yo" y su base no tendrían relación alguna.

4. El carro no existe de forma intrínseca dependiendo de sus partes

Aquí analizamos si el carro depende intrínsecamente de sus partes. Si eso fuera así, sería similar al ejemplo anterior. El Lama Tsongkhapa utiliza la analogía de Devadatta en una tienda de campaña. Podemos utilizar mejor "John." John está dentro de una tienda (y está lloviendo). Depende de la tienda, pero ambos tienen características totalmente diferentes. Si el carro depende intrínsecamente de sus partes, debe tener la misma clara distinción.

4 a). El yo no existe intrínsecamente en dependencia de los agregados

De la misma forma, si el "yo" dependiera intrínsecamente de sus agregados, debería existir una clara distinción, pero no la hay. Por supuesto que la agrupación de las partes del carro constituye la base del carro y el carro está basado en esas partes. El "yo" depende de los cinco agregados y dichos componentes son la base del "yo", pero no de forma intrínseca, por eso el análisis no es si uno depende del otro, sino que consiste en determinar si uno es la base *intrínseca* y el otro está basado *intrínsecamente* en éste.

5. El carro no posee a sus partes

¿Posee el carro a sus partes de la misma forma que John posee su coche? Mediante el análisis podemos descubrir que la relación del carro y sus partes no es una relación de posesión intrínseca, ni de poseedor intrínseco. Si el carro poseyera sus partes de forma intrínseca, entonces la relación tendría que ser vista de forma similar a la relación de John con su coche: poseedor y posesión son entidades totalmente diferentes.

5 a). El yo no posee los agregados en el sentido de una cierta posesión inherente.

De la misma forma, si el yo intrínseco poseyera los agregados intrínsecos, entonces se necesitaría que existiera esa diferencia distintiva, y sin embargo no la hay. El Lama Tsongkhapa dice:

La posibilidad de posesión es también insostenible. Si sostienes que un carro posee sus partes de la misma forma que Devadatta posee un buey, en el sentido de que ambos son objetos diferentes a la persona, entonces como el buey y Devadatta son vistos como cosas separadas, así deberían ser vistos también las partes y el carro, como algo separado, pero no lo son. Por lo tanto, no hay posesión. Es también insostenible establecer que el carro posee sus partes de la misma forma que Devadatta posee sus orejas debido a que estamos rechazando la diferencia *intrínseca*.[44]

6. *El carro no es idéntico a la agrupación de sus partes*

Aquí el análisis examina si el carro y la completa agrupación de sus partes son idénticos. Si eso fuera así, una persona que ve un montón de partes sin ensamblar al mismo tiempo debería estar viendo un carro. Ese no es el caso; cuando vemos todas las partes sin ensamblar apiladas en un rincón, no podemos ver el carro.

6 a). *La agrupación de los agregados no se puede presentar como el yo*

De la misma forma, si la agrupación de los cinco agregados fuera intrínsecamente idéntica al "yo," entonces siempre que veamos la agrupación de los cinco agregados tenemos que ver al "yo," pero esto no es así. Si el "yo" y la mera agrupación de los agregados fueran intrínsecamente idénticos no existiría esa distinción en la que el agente es el actor y los agregados son los objetos en los que se desarrolla la acción. El yo (el agente) y los agregados (los objetos) serían uno, y ese no es el caso. Sobre esto el Lama Tsongkhapa dice:

> Las obras de Chandrakirti *Comentario al Camino medio* y *Explicación del Camino Medio,* afirman que es un error considerar al yo y a la agrupación de agregados como una sola cosa, porque si fuera así el agente y el objeto serían uno. Cualquiera que afirme que el yo es idéntico a un agregado en particular debe admitir que también es idéntico a los demás agregados y por lo tanto a la agrupación entera.[45]

7. *El carro no es la forma de sus partes*

Cuando todas las partes se ponen juntas haciendo la forma del carro, ¿es esa forma particular el carro en sí? Si esa forma particular fuera intrínsecamente el carro, la dificultad está en que si las partes sin ensamblar no son intrínsecamente la forma del carro, ¿cómo pueden cambiar para constituirse en la forma del carro cuando están ensambladas? Esto es imposible. Antes de estar ensambladas, las ruedas, clavos, ejes, etc., no tienen una intrínseca "forma de carro". "Intrínseco" significa que no pueden cambiar, por lo tanto ¿cómo pueden cambiar hasta constituir la forma del carro?

7 a). La forma o configuración de los agregados no se puede presentar como el yo

De la misma forma que analizamos la relación entre las partes y el carro, si tomamos los agregados individuales como el discernimiento, la sensación, etc., vemos que de forma individual ninguno puede tener la naturaleza del yo dentro de él. Es decir que es imposible que cuando se juntan de una forma determinada el yo pueda existir de forma intrínseca dentro de ellos. Cuando tomamos cualquiera de los agregados de forma individual no podemos encontrar el "yo", entonces no puede existir de forma intrínseca dentro de la agrupación. Aunque el sentido del "yo" nos parece que existe intrínsecamente desde la base —la agrupación de los cinco agregados— en realidad esto no puede ocurrir.

El análisis de los siete puntos utiliza esta analogía del carro y su relación con las partes. Al mostrar que no puede haber una entidad intrínseca en un carro basado en sus partes, podemos fácilmente extrapolar este análisis al "yo" y sus agregados y llegar a la misma conclusión. Si nuestro análisis del carro es correcto, veremos que hay un carro que funciona —un caballo puede tirar de él, la gente puede viajar en él, los trabajadores pueden repararlo— pero no es un carro intrínseco.

De la misma forma, cuando llevamos el análisis al "yo" y sus componentes, existe un "yo" que puede experimentar dolor o alegría, pero no existe un "yo" intrínseco, el "yo" que captamos de forma errónea en el presente. Al hacer este análisis nos resultará más fácil disipar esta mala interpretación, y al eliminar la noción de un "yo" intrínseco, el extremo del eternalismo queda también disipado. Al mismo tiempo, al ver que el "yo" existe como una etiqueta sobre los cinco agregados, el extremo del nihilismo queda disipado de la misma forma.

RECHAZAR LAS CUATRO POSIBILIDADES DE PRODUCCIÓN

Otra forma poderosa de analizar el hecho de si el yo o los fenómenos pueden tener alguna realidad intrínseca es una que usan los grandes Maestros como Nagarjuna, Chandrakirti, Aryadeva, y el Lama Tsongkhapa. Se denomina *el razonamiento de los pedacitos de diamante*, o *rechazando las cuatro posibilidades de los tipos de producción*. Esto es lo que dice Nagarjuna en su *Tratado Fundamental*:

> No tiene sentido el que algo haya sido producido por sí mismo, por algo más, por ambos, o sin causa ninguna.[46]

Aquí el argumento que reporta conscuencias es: ningún fenómeno interno o externo puede ser intrínsecamente producido de cualquiera de estas formas, y estas cuatro formas agotan todas las posibilidades. Son:

- ningún fenómeno se puede producir por sí mismo
- ningún fenómeno se puede producir por medio de otro
- ningún fenómeno se puede producir por medio de ambos, uno mismo y otro
- ningún fenómeno se puede producir por ninguno de ellos

Este argumento con consecuencias rechaza la postura esencialista de que las cosas existen de forma intrínseca y por eso los resultados intrínsecos se deben producir por causas intrínsecas. Si eso fuera así, dicen los eruditos prasangika, se tendría que dar a través de una de las cuatro posibilidades –uno mismo, otro, ambos o ninguno– y esto es imposible.

Antes de tratar cada una de las posibilidades por separado, primero, el argumento sería que tenemos que establecer lo siguiente, si los fenómenos internos o externos se producen de forma intrínseca; en ese caso estarían basados en causas y condiciones, o no. Debe ser que dependen de las causas y condiciones, y de ahí surgen dos posibilidades: que el resultado (el fenómeno que está siendo analizado) y la causa sean intrínsecamente uno; o que el resultado y la causa sean intrínsecamente diferentes, en cuyo caso no habría relación entre la causa y el efecto.

Si las causas y condiciones, y los resultados fueran intrínsecamente uno, eso es lo que se llamaría *producido por uno mismo*, la primera de las cuatro posibilidades. La segunda posibilidad es que la causa y el resultado sean intrínsecamente diferentes, lo que se llamaría *producido por otro*. Si estuvieran producidos intrínsecamente, entonces los productos, los fenómenos internos y externos, estaría claro que están producidos por sí mismos o por otro. Si las causas y efectos son intrínsecamente diferentes del producto, eso sería estar producido por otro.

Producido por ambos significa que la producción por sí misma de modo intrínseco y por el otro de modo intrínseco ocurre al mismo tiempo, mientras que *producido por ninguno de ellos* significa sólo eso –el resultado no es producido ni por la misma entidad de modo intrínseco ni por otra entidad de modo intrínseco.

Esta línea de razonamiento rechaza las cuatro posibilidades. Si los fenómenos internos y externos fueran producidos por ellos mismos, la primera posibilidad, toda la noción de causalidad resultaría absurda. En general, la producción significa que algo que no existe es traído a la existencia, como un árbol que surge de una semilla. Si las causas y los productos fueran intrínsecamente uno, se tendría que aceptar que incluso en el momento de la causa el producto ya estaría intrínsecamente allí.

Más aun, si este fuera el caso, tendría que haber infinitas causas ocurriendo al mismo tiempo, porque (no olvides que esto es la producción intrínseca) siempre que exista un producto, no podría haber un solo momento en que las causas y condiciones que producen ese producto no estén presentes, lo cual es una contradicción.

La segunda posibilidad, que un resultado pueda ser intrínsecamente producido por otro, significa que algo es creado por otra cosa con la que no tiene relación. Sería como coger una manzana para hacer una maleta. Una semilla de manzana produce un árbol y después el árbol produce manzanas, pero la causa y el resultado están claramente vinculados y carecen de cualquier tipo de naturaleza intrínseca (y por lo tanto invariable). Aquí, para aceptar esta posibilidad, tenemos que aceptar que algo intrínseco e invariable produce otra cosa intrínseca con la que no tiene ninguna relación, lo cual es absurdo.

El Lama Tsongkhapa pone el ejemplo de una densa oscuridad producida por una llama para mostrar que la causa y el resultado son intrínsecamente diferentes y que "intrínsecamente otro" significa que no hay conexión posible entre la causa y el efecto.

La tercera posibilidad, que algo sea producido intrínsecamente por ambos, uno mismo y otro, puede ser rechazado mediante los dos primeros argumentos. La cuarta posibilidad, que algo sea producido por ninguna de las anteriores; en otras palabras, sin causa. Si eso fuera así, cualquier cosa podría surgir en cualquier momento y en cualquier lugar, y todo se convertiría en un caos. Evidentemente esto no es así, y aunque las causas y condiciones a veces no son obvias eso no quiere decir que las cosas se produzcan sin causa.

Un esencialista, sea budista o no, es decir alguien que cree que las cosas poseen algún tipo de realidad intrínseca, acepta por extensión que las causas y resultados también son intrínsecos. La refutación con consecuencias de esta teoría es que si esto fuera así, la producción debe ocurrir en una de estas cuatro formas, lo cual, como hemos visto, es imposible.

EL REY DE LOS RAZONAMIENTOS

Otra línea de razonamiento es el *rey de los razonamientos*, la relación dependiente. Aunque la principal metodología prasangika madhyamaka para probar la ausencia de la existencia intrínseca es a través del argumento con consecuencias, a veces también usan el argumento lógico. Por ejemplo, para los Maestros prasangika, el silogismo "los fenómenos internos y externos no existen de forma intrínseca porque surgen de forma dependiente como un reflejo" es lo que llaman una "afirmación lógica basada en lo que aceptan otros." Ellos están conformes en usar el silogismo lógico pero no el silogismo autónomo, como hemos visto en el capítulo cuarto.

Esta línea de razonamiento se denomina *el rey de los razonamientos* porque al usar una línea de razonamiento nuestras mentes pueden quedar libres de los dos extremos, el eternalismo y el nihilismo. Al ver que las cosas y acontecimientos existen dependiendo de las causas y condiciones, de sus propias partes o de sus pensamientos, podemos concluir que los fenómenos no existen por sí mismos independientes de esas causas y condiciones, partes o pensamientos –destruyendo, por lo tanto, la mala interpretación de la existencia inherente o eternalismo– y al mismo tiempo podemos concluir también que los fenómenos sí existen –destruyendo la mala interpretación del nihilismo.

Según la naturaleza de la relación dependiente, todas las cosas existentes internas o externas dependen de todos estos factores diferentes. Sin ellos, nada existiría. Por lo tanto, este razonamiento es un medio poderoso que nos permite comprender ambos lados de la realidad: el lado convencional de que todas las cosas existen porque existen de forma dependiente, y al mismo tiempo el lado final o absoluto que corta con la idea de la existencia independiente o inherente. El dolor, el placer, las cosas importantes o las menos importantes –todas ellas cosas existentes– surgen debido a la relación dependiente. Llevando esta lógica más lejos podremos ver que el hecho de existir de forma dependiente excluye la posibilidad de la existencia independiente o inherente. Al eliminar la existencia intrínseca no eliminamos la existencia real de las cosas, por eso muchos grandes Maestros consideran este razonamiento como el razonamiento supremo. Veremos esto con más detalle en el capítulo siguiente cuando tratemos el vacío y la relación dependiente. Como dice Chandrakirti en su *Comentario al Camino Medio*:

> Este razonamiento del origen dependiente
> Elimina toda la red de visiones equivocadas.[47]

Usando líneas de razonamiento como el análisis de los siete puntos, las cuatro posibilidades y el rey de los razonamientos, la relación dependiente, podemos llegar a la conclusión de que la realidad intrínseca no existe, y alcanzar la comprensión (a un nivel muy profundo) de la ausencia de la existencia inherente o intrínseca.

El Lama Tsongkhapa sostiene firmemente que un principiante necesita esas líneas de razonamiento para poder comprender la realidad última de las cosas y acontecimientos. Aunque todo esto son conceptualizaciones, sin usarlas el practicante no podría comprender la realidad última, y sin esa comprensión, la visión de la realidad absoluta sería imposible. Éste es el primer paso para probar que las cosas y acontecimientos están vacíos de existencia inherente y para llevarlo a un nivel donde se convierta en visión incontrovertible.

La percepción directa del vacío no se puede dar sin este tipo de comprensión conceptual del vacío. El Lama Tsongkhapa puntualiza claramente en su *Lamrim Chenmo* que es un error creer que meditar en el vacío o la visión superior sea sinónimo de mera ausencia de conceptualización. Dice que la meditación de la permanencia apacible sobre el vacío no es meditar en la visión superior que comprende el vacío hasta que tiene un elemento analítico. Por lo tanto, estos métodos de análisis son extremadamente importantes.

No importa la línea de razonamiento que usemos, lo importante es distinguir la diferencia entre la *ausencia de existencia inherente* y la *no existencia*. Al usar tales razonamientos para establecer la ausencia de existencia inherente *no* estamos estableciendo la inexistencia del objeto. Al mismo tiempo, cuando entendemos la existencia dependiente, debemos tener claro que eso demuestra la ausencia de existencia independiente o inherente. Existencia dependiente y existencia inherente son completamente opuestas.

¿De qué manera la persona y los fenómenos aparecen como una ilusión?

Los grandes Maestros nos exhortan a ver todas las cosas "como una ilusión." Aunque empecemos ahora mismo a ponerlo en práctica, no alcanzaríamos todo su significado hasta que hayamos comprendido experiencialmente el vacío. Ser *como una ilusión* tiene dos significados. El primero es la disparidad entre la apariencia de una cosa y su verdadera realidad, cómo las personas y los fenómenos parece que existen de forma inherente mientras que en realidad no es así. En esto son como el caballo del mago sacado de la nada por un conjuro. Usando una piedra u otro objeto puede hacernos ver un caballo donde en realidad no lo hay. Debido a nuestros engaños, vemos objetos que existen de forma inherente cuando en realidad no es así. Al relacionarnos con los objetos *como* si fueran ilusiones nos distanciamos de concretizar la visión de los objetos como algo que existen por sí mismos.

El otro nivel de comprensión no es desde el lado del objeto sino de nuestra percepción. Ahora hemos pasado de ser la audiencia a ser el mago. Después de hacer el truco de magia también podemos ver el caballo en el escenario, pero ya no nos engaña, sabemos que es una ilusión. De la misma forma, incluso después de haber comprendido experiencialmente el vacío de modo directo, los practicantes al terminar la meditación siguen viendo el yo y los fenómenos como poseedores de existencia inherente, pero ya nunca serán engañados. Ellos ven que las cosas y acontecimientos existen, pero saben que la apariencia de existencia inherente es falsa, ven que es como una ilusión. Esta apariencia de existencia inherente no ocurre durante el equilibrio meditativo sobre el vacío; es sólo la comprensión del vacío lo que se da. La apariencia de existencia inherente junto con la comprensión de que es una ilusión ocurre fuera de la sesión de meditación. Debido a la fuerte influencia de la meditación, aunque las consciencias sensoriales perciban la existencia inherente, la consciencia mental es capaz de comprender esta dualidad.

Los textos enumeran dos tipos de comprensión del vacío, *vacío parecido al espacio* y *vacío parecido a una ilusión*. El vacío parecido al espacio ocurre durante la sesión de meditación cuando la mente del practicante observa la falta total de existencia inherente del objeto de meditación. "Espacio" aquí significa ausencia de obstrucción en el sentido de que la mente sólo percibe la mera ausencia de la existencia inherente, lo cual no es otra cosa que el mero espacio. El vacío parecido a una ilusión, como ya hemos dicho, es lo que ocurre fuera de la sesión de meditación, cuando la consciencia mental comprende la ausencia de existencia inherente incluso cuando la consciencia sensorial la está percibiendo. El Lama Tsongkhapa dice:

> Para estar seguro de que la apariencia de la persona es como una ilusión necesitas tanto la innegable apariencia de esa persona para la consciencia convencional como la determinación mediante razonamiento de que la persona está vacía de existencia inherente. El razonamiento no puede establecer que la apariencia exista; la percepción válida convencional no puede establecer que esté vacía de existencia inherente. Por lo tanto necesitas ambos, el razonamiento que analiza el hecho de si las cosas existen de forma inherente y la consciencia convencional que capta las formas y todo lo demás como algo existente.[48]

7. EL VACÍO Y LA RELACIÓN DEPENDIENTE

Los tres niveles de relación dependiente

EL IMPACTO DE LA RELACIÓN DEPENDIENTE

En este capítulo veremos cómo se conectan estos dos importantes términos, el vacío y la relación dependiente. En el lugar donde se fusionan es donde surge y funciona nuestro mundo. Aquí, tendemos un puente hacia nuestro mundo empírico, viendo la manera en que nosotros y nuestro entorno existimos de forma convencional o de forma última.

En los capítulos anteriores, para determinar la forma final de existencia de los fenómenos nos centrábamos en cómo no existen, estableciendo su ausencia de existencia inherente. Intentamos identificar la diferencia entre la existencia inherente y la mera existencia y también intentamos explicar la diferencia entre las dos. De forma similar, hablamos de la diferencia entre la ausencia de existencia inherente y la total inexistencia, que aunque los fenómenos carezcan de existencia inherente, esto no significa que sean totalmente inexistentes.

En este capítulo, también exploraremos la forma final de existencia de los fenómenos, pero desde un punto de vista positivo, determinando la manera en que existen las cosas, más que explorando la manera en que no existen. Esto nos llevará a la misma conclusión, porque todo lo que exista dependiendo de otros factores como las causas, por lógica tiene que carecer de existencia independiente. Tenemos que comprender que todo —ya sea beneficioso o dañino, ya sea causa o efecto, dolor o placer, externo o interno, yo u otro, *todo*— comienza a existir dependiendo de otros factores y por lo tanto su naturaleza es relación dependiente que es, precisamente, contraria a la existencia independiente. Llevando este punto de vista hasta las últimas consecuencias, podremos ver que nada puede tener ningún grado de existencia intrínseca o inherente.

La forma final de existencia de los fenómenos se puede entender desde dos ángulos, desde la ausencia de existencia inherente o desde su naturaleza de relación dependiente. Pero cualquiera de los caminos que tomemos, si lo hacemos correctamente, nos llevarán a la comprensión de la naturaleza final de las cosas y acontecimientos.

Al entender que los fenómenos surgen de forma dependiente, seremos capaces de disipar la noción exagerada de que existen por sí mismos. De momento tenemos una sensación instintiva de que los objetos de nuestro universo externo o interno tienen una realidad concreta y objetiva que en realidad no tienen, y nosotros actuamos de acuerdo con esa sensación. Comprendiendo la ausencia de esa realidad intrínseca nos liberamos de la concretización y solidificación del eternalismo. Por otra parte, al tener un buen entendimiento de la naturaleza dependiente de los fenómenos, podemos ver que las cosas existen, que funcionan, que surgen dependiendo de otros factores, y eso nos libera del nihilismo, la idea equivocada de que todos los fenómenos son inexistentes.

LOS TRES NIVELES DE RELACIÓN DEPENDIENTE

Relación dependiente significa ser creado dependiendo de otros factores como las causas y las condiciones y esto afecta a todos los fenómenos temporales. Hay tres niveles de origen dependiente:

- dependencia causal
- dependencia mutua
- dependencia simplemente etiquetada

Dependencia causal

El primer nivel de relación dependiente es simple comparado con el segundo y tercer niveles, simple porque es relativamente fácil entender la manera en que el resultado depende de la causa. Sin causa el resultado no puede ocurrir. En muchos de sus sutras, incluido *Los Muchos Tipos de Elementos (Bahudhatuka Sutta)*, Buda reitera una de sus ideas más importantes:

> Cuando esto existe, eso empieza a existir; con el surgimiento de esto, eso empieza a surgir.
> Cuando esto no existe, eso no empieza a existir; con el cese de esto, eso comienza a cesar.[49]

Estas líneas son tan profundas y cruciales porque explican claramente la relación dependiente. Las cosas surgen con dependencia de otras cosas. Y al contrario, las cosas cesan dependiendo de otras cosas.

En el mundo ordinario, conseguir un buen trabajo depende mucho de tener una buena educación, cocinar una buena comida depende de buenos ingredientes y de la destreza del cocinero, etc. Todos entendemos esto.

En términos budistas, el origen dependiente dentro de la existencia cíclica queda demostrado por los doce vínculos de la relación dependiente mencionado anteriormente, es decir, la explicación de cómo nuestra existencia se repite interminablemente en el samsara debido al círculo vicioso de las causas y efectos. Renacemos una y otra vez porque anhelamos el renacimiento, y lo hacemos porque tenemos forma y sensaciones, y esto se debe a la consciencia y al karma, y esto viene por la ignorancia. De esta forma, la ignorancia crea el ansia, el karma, crea engaños y sufrimiento, crea el renacimiento, y así sucesivamente, una y otra vez, para siempre. (¡Hasta que consigamos romper la cadena!)

Desde el punto de vista de la dependencia causal, la relación dependiente significa que cada resultado es completamente dependiente de unas causas. Esto se puede aplicar a todos los fenómenos temporales, pero todos los Maestros budistas, desde Buda pasando por Nagarjuna hasta su santidad el Dalai Lama, han enfatizado que el principal foco de nuestra investigación debería estar en lo que consideramos más importante para nosotros, cómo superar el dolor y las dificultades y cómo experimentar la felicidad. Las primeras enseñanzas históricas de Buda, las cuatro nobles verdades, nos muestran de forma precisa cómo sufrimos, mediante las verdades del sufrimiento (dukkha) y el origen del sufrimiento, y también nos muestran cómo conseguir la felicidad, mediante las verdades del cese y el camino que nos lleva al cese del sufrimiento. Y esto es fundamental para todas las enseñanzas del budismo.

El famoso texto de Nagarjuna *Sabiduría Fundamental* comienza alabando a Buda porque enseñó la relación dependiente de las cosas. En el capítulo 24 hay un análisis de las cuatro nobles verdades, y en el capítulo 26 hay un desarrollo de las cuatro nobles verdades al examinar los doce vínculos de relación dependiente. Creo que para superar el sufrimiento y conseguir la felicidad, tenemos que comprender la relación dependiente en todos los niveles, pero particularmente en el nivel de la dependencia causal. No debemos desestimar este nivel y no debemos saltárnoslo pensando que los niveles más profundos son más importantes.

De hecho, la dependencia causal es el principal argumento de Nagarjuna para explicar las nobles verdades del cese completo del sufrimiento y de su origen. Él usa la dependencia causal para demostrar cómo funcionan los doce vínculos de relación dependiente dentro de nosotros y en ambas direcciones. Desde el primero hasta el último, desde la ignorancia hasta el karma, muestra cómo cada uno de ellos surge como consecuencia del anterior, y en el otro sentido —desde el último hasta el primero— muestra cómo podemos eliminar a cada uno de ellos simplemente eliminando el anterior. De esta forma podemos llegar a comprender que el cese completo del sufrimiento y su origen es verdaderamente posible para nosotros. Y para Nagarjuna y los Maestros prasangika, ese tipo de cese completo dentro de nuestro ciclo vital es posible debido a que la mente que surge de forma dependiente está vacía de naturaleza inherente.

Dependencia mutua

Una silla depende de sus partes: el asiento, el respaldo, las patas. El todo depende de las partes. La prasangika madhyamaka, sin embargo, dice que hay una dependencia mutua ya que, de forma recíproca, las partes *también* dependen del todo.

La dependencia causal puede ser dependencia mutua, pero la dependencia causal lo observa desde un nivel más burdo, en el sentido de que la existencia o el resultado dependen de las causas. Así es como normalmente lo entendemos. Pero en un nivel más profundo, especialmente desde el punto de vista prasangika, la dependencia causal en sí es la dependencia mutua. La existencia del resultado depende de las causas, pero al mismo tiempo, la existencia de las causas depende de los resultados. Para poder decir que tal o cual cosa es una causa, debes conocer el resultado de esa causa; debes explicar esa causa desde el punto de vista del resultado. Una semilla de manzana es una semilla de manzana porque depende de su resultado, la manzana. Sin la manzana, la causa no puede ser la semilla de manzana. Así que la dependencia causal en su nivel más profundo se puede convertir en dependencia mutua, y estos niveles de surgimiento dependiente no se excluyen mutuamente, condición por la cual la dependencia causal no podría ser dependencia mutua o viceversa.

En un sentido, todos los adjetivos señalan a la dependencia mutua. Nagarjuna dice en su *Guirnalda Preciosa*:

Cuando esto es, eso surge, como lo corto cuando hay largo.[50]

Lo bajo y lo alto son mutuamente dependientes. Identificar algo como bajo se basa en el concepto contrario de alto. El uno se basa en el otro. Si no hay alto, ¿cómo puede haber bajo?

Imagina que estamos situados en lados opuestos de una habitación. Para mí, yo estoy *aquí* y tú estás *allí*, pero obviamente para ti la situación es la contraria, tú estás *aquí* y yo estoy *allí*. *Aquí* y *allí* definitivamente existen, pero no existen de forma independiente. Sólo existen en relación con el otro. Si tuviera que caminar hacia el otro lado de la habitación, ese sitio se convertiría en *aquí*, y donde estoy realmente sería *allí*. Sólo cuando existe el *aquí*, puede existir el *allí*. En otras palabras, *esto* es porque *eso* es. Estos son términos relativos que funcionan en nuestra vida diaria pero sólo en relación con algo más. Y lo mismo ocurre con todos los fenómenos. Las cosas aparecen en la existencia dependiendo de condiciones ya existentes. En *La Sabiduría Fundamental del Camino Medio* Nagarjuna enumera tres importantes parejas:

- aquí y allí
- cerca y lejos
- yo y otro

Cada miembro de la pareja depende del otro. Simplemente no puede haber aquí sin allí, lejos es irrelevante a no ser que se relacione con el concepto de cerca. Yo no soy alto, pero lo sería si me comparan con un niño. Un árbol es más alto que yo, pero es bajo comparado con un rascacielos. Para que exista alto tiene que haber bajo. Para que exista cerca tiene que haber lejos.

Pero por supuesto la idea más importante es la del yo y el otro. Ese "yo" que vemos como algo concreto e invariable es sólo un "yo" para una persona. Para alguien que habla contigo es un "tú," para un extraño es un "él" o "ella." Por consiguiente ese "yo" sólo se puede establecer en relación con "otro." Esto es parte del proceso de la técnica de entrenamiento mental llamada *igualarse y cambiarse con los demás*, donde nos entrenamos para acabar con las ideas preconcebidas de que "yo" y "mío" es inherentemente más importante que "otros." Ya he hablado de esto en el cuarto libro de la serie *Los Fundamentos del Pensamiento Budista, La Mente del Despertar.*[51]

En este nivel, la dependencia mutua es bastante simple de comprender. Pero el nivel de dependencia causal mutua donde la causa depende del resultado y el resultado depende de la causa ya no es tan obvio. Las otras escuelas afirman que la dependencia causal sólo ocurre en una dirección, que el resultado depende de la causa pero que la causa no depende del resultado. El humo surge debido al fuego, pero el fuego no surge dependiendo del humo. Para la prasangika, el humo depende del fuego para existir, obviamente, pero de la misma forma el fuego depende del humo para existir.

Cuando las otras escuelas filosóficas budistas niegan que la existencia del fuego dependa del humo, están hablando en un nivel puramente material. Los eruditos prasangika dicen que esa no es la imagen completa, que para explicar la dependencia mutua total, se deben tener en cuenta ambos niveles, el material y el conceptual.

El ejemplo más común es el del fuego y el combustible. Por supuesto que el fuego necesita combustible para existir, pero, ¿el combustible necesita el fuego para existir? Cuando la madera se utiliza para alimentar el fuego, ésta se convierte en combustible, pero si no se usa para eso, es simplemente madera; por lo tanto podemos decir que la madera no necesita el fuego para ser madera, pero la madera sí necesita el fuego para ser combustible. Ahí tenemos la dependencia mutua del fuego que necesita el combustible y el combustible que necesita el fuego.

De la misma forma hay dependencia mutua entre ser un usuario cotidiano del metro y el hecho de hacer el viaje a diario para llegar a tu trabajo. Si esta persona hace un día el trayecto en metro eso no implica ser un usuario cotidiano del metro. La acción realizada de forma repetida (recorrer cierta distancia en metro a diario) es la condición necesaria para poder designarle como "usuario cotidiano del metro" y, por supuesto, la persona que realiza la acción es la condición necesaria para la designación "usuario cotidiano del metro".

Esta clase de dependencia mutua se basa en la designación. Como ya hemos visto, una semilla de manzana es la causa de la manzana, pero la manzana es también la causa de la semilla de manzana ya que la designación de esa semilla depende de la manzana. Y, como veremos en el siguiente nivel de dependencia, al designar a la semilla basándonos en su resultado, hay también una mera dependencia etiquetada. Estas dependencias, como ya he dicho, no son mutuamente excluyentes.

La dependencia mutua es un debate interminable en los monasterios y el ejemplo que siempre suele aparecer es el del fuego y el humo. De hecho, lo usamos tanto que incluso han surgido bromas al respecto. En la región de Ganden en el Tíbet había nómadas que pasaban por allí cada invierno. La época del año que pasaban en el monasterio siempre coincidía con la misma fase del debate, así que siempre escuchaban lo mismo, el fuego y el humo, el humo y el fuego, el fuego y el humo. Pensando que debía haber ocurrido un gran problema en el monasterio de Ganden relacionado con fuego y humo, se preocuparon tanto que al llegar a la zona de Lhasa avisaron a las autoridades para que acudieran a Ganden a solucionar el problema.

Dependencia simplemente etiquetada

Las cosas y acontecimientos no sólo son mutuamente dependientes cuando surgen. La prasangika madhyamaka afirma que un objeto y el nombre o etiqueta asignado a él son también mutuamente dependientes. Este es el significado del tercer nivel de relación dependiente.

Aquí tenemos que tener en cuenta la mera designación o etiqueta y la base de esa designación, el objeto que designa la etiqueta. Sin la mera designación no puede haber base de la designación y viceversa. Si no hay una agrupación de patas, respaldo y asiento, ¿cómo podemos poner la etiqueta de "silla"? Y si no hay etiqueta, ¿cómo puede ser algo más que un simple montón de partes? La pata de una silla, no importa lo bien que esté hecha, no es más que una pieza de madera hasta que la mente la asocie con una silla y pueda etiquetarla como "pata de silla."

Aquí es donde empezamos a entender el importante concepto de *simplemente etiquetado*. Decimos que el "yo" existe como mera etiqueta porque el "yo" es lo que está meramente designado en base a nuestros agregados.

Esa clase de relación entre designación (la mera etiqueta) y la base de la designación (lo que está meramente etiquetado) es única y propia de la prasangika madhyamaka. Para las otras escuelas existe la etiqueta, pero está colocada sobre algo que existe por sí mismo. Una silla, por ejemplo, debe tener algún grado de naturaleza intrínseca que procede desde sí misma como silla para que exista una causa para etiquetarla "silla." El argumento es que debe haber algo en sí misma —alguna característica intrínseca de silla— sino podríamos etiquetarla de cualquier otra forma. No habría forma de saber cuál es la etiqueta correcta. Al añadir la palabra "mera" al término *etiqueta* los filósofos prasangika le distancian de un nombramiento más crudo de un objeto verdaderamente existente del que hablan las otras escuelas. La relación entre la base de designación y su "mera" etiqueta es lo más cercana posible.

Para la prasangika, en la base de la designación —en este caso, la silla— no hay nada que sea intrínsecamente silla; no hay una esencia de silla en la base de designación. Es una silla por la designación, y se ha etiquetado como silla debido a la base de designación —las partes, la forma, la función, etc. Más aun, al decir que es una dependencia meramente etiquetada aseguramos que no es un etiquetado aleatorio. La designación depende de una base particular de designación y esa base de designación depende de esa designación particular.

Frente a mí tengo cuatro patas de madera, una pieza de madera plana y cuadrada y un respaldo curvo. ¿Es eso una silla? Si las partes se ponen juntas de tal forma que funcionan como una silla, entonces sí es una silla. Sólo entonces se le puede aplicar la designación de "silla." La diferencia entre un bolígrafo y una pajita para beber es que uno puede trazar una línea de tinta en un papel, lo que me permite escribir con él, y el otro no lo puede hacer. Uno funciona como bolígrafo y por eso le puedo dar esa designación. Existe una relación íntima entre las partes que forman la base de designación, la función y la designación en sí.

Y lo mismo ocurre con la más importante de las dependencias meramente etiquetadas, el "yo" y los cinco agregados. La única forma de que el "yo" exista es como simple etiqueta. Es simplemente una designación para describir la relación entre los cinco agregados. Y nuestros cinco agregados funcionan como la persona que somos porque existe esta mera etiqueta, "yo." Ellos son la base de la designación; el "yo" es la designación. Así que ¿es el "yo" simplemente un concepto lingüístico —un término para describir un grupo de cosas— o es más que eso? Es una pregunta crucial.

EL VACÍO Y LA RELACIÓN DEPENDIENTE

Este tercer nivel de origen dependiente es donde confluyen la relación dependiente y el vacío. Como hemos visto, el vacío es una negación, la ausencia de existencia inherente de un objeto, mientras que la relación dependiente toma ese mismo objeto desde un punto de vista positivo, cómo existe ese objeto dependiendo de otros factores.

Podría parecer que todos los cabos quedan atados al decir que el vacío y la verdad absoluta se ocupan de la forma última en que existe un objeto, mientras que la relación dependiente y la verdad convencional se ocupan de la forma en que ese objeto existe en un nivel convencional, y de hecho la verdad absoluta es sinónimo de vacío. Verdad relativa o convencional, sin embargo, no es sinónimo de relación dependiente. En cualquier caso, se necesita un profundo conocimiento de la relación dependiente para conseguir un profundo conocimiento de la verdad relativa. La verdad relativa se refiere a la verdad a un nivel relativo, la manera en que se presentan las cosas en un nivel convencional ante la gente que no ha alcanzado la comprensión experiencial del vacío. Hay algo más que el mundo tal y como lo vemos, y no podemos conseguir los niveles más sutiles de comprensión de la verdad relativa sin haber comprendido el vacío. De hecho sólo después de haber alcanzado el vacío podremos comprender uno de los niveles más sutiles de verdad convencional –la disparidad entre la apariencia de nuestro mundo y la realidad.

Esto tiene que ver particularmente con el tercer nivel de relación dependiente, el surgimiento dependiente meramente etiquetado, el cual afirma que las cosas y acontecimientos, incluido nuestra identidad, existen debido a la mera designación.

Muchos grandes Maestros dicen que la comprensión de la verdad relativa es tan importante como la comprensión de la verdad absoluta, importante tanto para nuestra práctica espiritual como para nuestro objetivo final, la consecución de la Iluminación.[52] Dicen que cuando conseguimos la completa Iluminación nuestro mundo convencional no se disuelve, sigue estando ahí que es donde debe estar.

Esa comprensión nos ayudará a entender completamente la verdad relativa y todo el mecanismo de las cuatro nobles verdades –cuál es el origen del sufrimiento, cómo se va produciendo ese sufrimiento y como se produce la verdad del cese. Más aun, nos va a ayudar a comprender y actualizar las cuatro nobles verdades, el camino que nos lleva hacia el cese del sufrimiento, es decir el camino espiritual budista.

En su *Palabras Claras*, Chandrakirti explica cómo, desde el sufrimiento de la primera noble verdad pasando por todos los logros mundanos y sobrenaturales, todo cobra sentido cuando empezamos a comprender esta relación entre el vacío y la relación dependiente.

Para el sistema en el que el vacío de existencia inherente de las cosas es apropiado, todas las cosas mencionadas anteriormente son apropiadas. ¿Cómo? Porque a la relación dependiente le llamamos "vacío;" por lo tanto, para el sistema en el que la relación dependiente es apropiada, las cuatro nobles verdades son razonables. ¿Cómo? Porque sólo aquello que surge de forma dependiente sufre, y no aquello que no surge de forma dependiente. Todo lo que surge de forma dependiente al no tener existencia inherente está vacío.

Cuando existe el sufrimiento, las fuentes del sufrimiento, el cese del sufrimiento y los caminos que nos llevan hacia el cese del sufrimiento son apropiados. Por lo tanto, el conocimiento exhaustivo del sufrimiento, el abandono de las fuentes, la actualización del cese y el cultivo de los caminos son también apropiados. Cuando el conocimiento exhaustivo y todo lo demás de las verdades, el sufrimiento y todo lo demás, existen, los frutos son apropiados. Cuando los frutos existen, los que moran en los frutos existen, los que se acercan a los frutos son apropiados. Cuando los que se acercan y los moradores de los frutos existen, la comunidad espiritual es apropiada.

Cuando las nobles verdades existen, la doctrina excelente es también apropiada, y cuando la doctrina excelente y la comunidad espiritual existen, entonces los Budas son apropiados. Por lo tanto, las Tres Joyas son así mismo apropiadas.

Todos los logros especiales de los temas mundanos y supramundanos son también apropiados al igual que lo adecuado y lo inadecuado, los efectos de aquello, y todas las convenciones del mundo. Por lo tanto, de esa forma, Nagarjuna dice "para ese sistema en el que el vacío es apropiado, todo es apropiado. Mediante ese sistema en el que el vacío no es apropiado, la relación dependiente no existiría, con lo cual todo sería inadecuado."[53]

Cuando su santidad el Dalai Lama visitó el centro budista Jamyang en Londres, donde estoy establecido, sintetizó el vacío de una forma muy clara citando a Nagarjuna y su *Sabiduría Fundamental del Camino Medio*:

Todo lo que surja de forma dependiente
Se explica mediante el vacío.
Eso, siendo una designación dependiente,

Es en sí mismo el camino medio.

Algo que no surge de forma dependiente,
Es imposible que exista.
Por lo tanto una cosa no vacía
No existe.[54]

Él explicó estas estrofas diciendo que la principal razón por la que la escuela prasangika afirma que todos los fenómenos están vacíos de existencia inherente no es porque no puedan ser encontrados cuando los busca la mente del último análisis, sino más bien porque surgen de forma dependiente, y existen de forma dependiente. *Ese* es el principal significado de vacío.

Los filósofos prasangika dicen que este es el camino medio entre el nihilismo y el eternalismo. No dicen que las cosas no existan (la visión nihilista) sino que la cosas no existen de forma independiente (como afirman los eternalistas); por lo tanto, carecen de cualquier tipo de existencia intrínseca.

Hay muchas citas similares en los textos, todas ellas dicen que tanto la comprensión sutil de la relación dependiente como la comprensión del vacío son realmente el camino medio, libre de los dos extremos. Nagarjuna además afirma que no hay una diferencia fundamental entre la comprensión sutil de la relación dependiente y la comprensión del vacío.

LA FUSIÓN DEL VACÍO Y LA RELACIÓN DEPENDIENTE

Al afirmar esto, Nagarjuna ha llegado a la conclusión final. No será hasta el final de nuestro viaje espiritual cuando seremos capaces de comprender por completo la indivisibilidad del vacío y la relación dependiente. Hasta entonces, la mente que se acerca al vacío y la mente que se acerca a la relación dependiente lo hacen desde diferentes ángulos.

La mente que comprende experiencialmente el vacío es una mente que comprende la negación no afirmativa que ve que *ningún* fenómeno existe de forma inherente.[55] La mente que comprende la relación dependiente, por otra parte, es una mente afirmativa, que supone la comprensión de cómo *sí* existen los fenómenos. La relación dependiente como prueba de la dependencia y el vacío como prueba de la ausencia de independencia se pueden considerar como los dos lados de una misma moneda, o mejor dicho, una perspectiva dual dentro del mismo mundo.

Estas dos mentes no pueden existir de forma simultánea dentro de un continuo mental de un ser que no ha alcanzado la Iluminación simplemente porque comprenden los objetos por diferentes medios, negando lo que no existe y afirmando lo que existe. Así que en ese sentido la relación dependiente y el vacío son una dicotomía. La comprensión de ambos nunca va a ocurrir de forma simultánea en los seres no Iluminados, independientemente de lo profunda que sea la comprensión. Si la relación dependiente y el vacío fueran la misma cosa, la comprensión de una supondría la comprensión de la otra. Esto, en realidad, no ocurre. Sólo cuando hayamos alcanzado la Budeidad ocurrirán simultáneamente las dos comprensiones.

Para hacer esto, necesitamos comprender totalmente el nivel más sutil del origen dependiente, es decir que no hay nada que esté establecido por sí mismo. No hay nada que surja de forma independiente de todo lo demás. Por lo tanto, como todo depende de otras cosas, todo está vacío. ¿Vacío de qué? Vacío de existencia independiente, vacío de existencia intrínseca. En *Los Tres Principios del Camino* el Lama Tsongkhapa dice:

> Cuando estas dos comprensiones son simultáneas y concordantes, desde la mera visión del infalible origen dependiente nos viene un cierto conocimiento que destruye por completo todas las formas de aferramiento. En ese momento el análisis de la *visión profunda* es completo.[56]

Estas dos comprensiones se tienen que mezclar. Nuestro entendimiento del vacío no debe negar o destruir el mundo empírico, y nuestra comprensión del mundo empírico y convencional no debe bloquear la comprensión del vacío.

Tenemos que alcanzar el estado en el que la comprensión de la relación dependiente sostenga la comprensión del vacío. Eso no quiere decir que una mente que comprenda la relación dependiente comprenda automáticamente el vacío, sino que uno complementa al otro.

En este momento eso no es así. Nuestra comprensión del vacío puede minar nuestra experiencia del mundo empírico convencional, y lo que experimentamos en el día a día puede parecer contradictorio con lo que estamos estudiando sobre el vacío o incluso puede negarlo. Sólo cuando estos dos elementos se unan y cada uno de ellos complemente al otro en lugar de contradecirlo podremos decir que hemos entendido el camino medio. Esto es lo que dicen los versos de la sección del *lamrim* del Guru Puja:

> Busco tu bendición para descubrir el significado del pensamiento de Nagarjuna –
> Que aquellos dos son complementarios y no contradictorios.[57]

Incluso aunque tuviéramos una profunda comprensión del vacío, mientras estos dos elementos sigan separados, aun tendríamos un largo camino que recorrer.

Por eso, muchos Maestros han dicho que la comprensión del vacío nos lleva a respetar la ley de causa y efecto. Un buen entendimiento del vacío significa un buen entendimiento del tercer nivel de relación dependiente, el cual sólo llegará después de una buena comprensión de los otros dos niveles, siendo el primero de ellos la relación dependiente causal. Por lo tanto, la comprensión del vacío y el respeto por la causalidad están totalmente relacionados.

Puede que hayas leído que la meditación sobre el vacío nos lleva hacia la Iluminación, y que una vez conseguida, la única percepción es la percepción del vacío. El Lama Tsongkhapa y otros muchos Maestros prasangika dicen que esto es falso. Cuando hayamos conseguido la completa Iluminación nuestra percepción no es sólo la percepción del vacío sino también la percepción del mundo convencional.

El hecho de comprender el vacío no nos puede distanciar del mundo convencional. Al contrario, debería llevarnos a tener más respeto por él. Esto no implica más respeto y deseo por el samsara, sino por la ley de causa y efecto. La comprensión del vacío no debería acabar con la percepción del mundo convencional.

Este es un punto crucial porque lo que ocurre es que cuando nos acercamos a ese tipo de comprensión del vacío, debido a que comenzamos a destruir todos nuestros conceptos, hay un fuerte sentimiento de que no hay nada. Nuestro mundo ahora nos parece muy sólido, muy real. Para romper todos los oscurecimientos que nos hacen verlo así, necesitamos descomponerlo, despiezar lentamente ese mundo sólido e invariable que ahora tomamos como verdadero. Examinamos algo y es cuando decidimos que no es como lo vemos. Cuanto más lo analizamos más lo eliminamos. Cuando esa deconstrucción se hace más sutil, comenzamos a tener un sentimiento de que en realidad no hay nada en absoluto. Existe el riesgo de considerar que incluso la ley de causa y efecto es irreal. Por eso es fácil que caigamos en el nihilismo.

Pero claro, tenemos que llegar a ese estado en el que realizamos el vacío, y al mismo tiempo tenemos que intentar llevar el mundo convencional tan cerca como sea posible al mundo absoluto o último.

Otra cita del Lama Tsongkhapa en *Los Tres Principios del Sendero* dice:

La apariencia elimina el extremo de la existencia;
La vacuidad elimina el extremo de la no existencia.
Cuando comprendes el surgimiento de la causa y el efecto desde el punto de vista de la vacuidad,
No estás cautivo de ninguno de los dos extremos.[58]

Este enfoque es único a la escuela prasangika madhyamaka. Daos cuenta de que al principio podrían parecer declaraciones asombrosas. La relación dependiente elimina el extremo del eternalismo –donde creemos que algo existe de forma intrínseca– y el vacío elimina el extremo del nihilismo –donde pensamos que todo es una ilusión. Normalmente, en otras escuelas filosóficas es totalmente al contrario: la apariencia nos ayuda a evitar caer en el nihilismo y el vacío nos ayuda a evitar caer en el eternalismo.

¿Pero cómo funciona este enfoque prasangika? Para ellos la apariencia que nos ayuda a evitar el extremo del eternalismo tiene un significado único y específico. En general, si una persona duda de la existencia de algo puedes mostrárselo y decir "mira aquí lo tienes" y la apariencia aclarará sus dudas. En otras escuelas, la apariencia nos ayuda a evitar la visión nihilista porque decimos "algo existe, por lo tanto no estoy cayendo en el nihilismo." Pero en la prasangika el significado de "apariencia" es mucho más sutil.

Esta apariencia que aclara las dudas de la existencia eterna es una *mera* apariencia, libre de toda naturaleza intrínseca, por lo tanto libre del extremo del eternalismo. Es la apariencia de cómo surgen las cosas y los acontecimientos por medio de las causas y condiciones, es decir, por medio de la relación dependiente. Esto elimina el concepto de apariencia ordinaria de las cosas que parece que van a existir eternamente.

La escuela prasangika afirma que cuando una persona alcanza la comprensión del vacío –que las cosas y acontecimientos están vacíos de existencia inherente– elimina la visión nihilista, porque no está diciendo que las cosas no existan, sino que no existen de una forma determinada.

Hay que tener cuidado aquí. Muchos Maestros dicen que el mejor entrenamiento de la mente es ver siempre el mundo de los fenómenos como una ilusión. Hay que notar la sutil diferencia, el mundo de los fenómenos no es una ilusión, pero es *como* una ilusión. Son dos cosas totalmente diferentes.

Mientras que las escuelas inferiores sólo pueden probar el vacío mediante la negación, una de las características únicas de la prasangika es la afirmación de que como tiene un origen dependiente está vacío. Partiendo de una afirmación pueden probar una negación. En *Los Tres Principios del Sendero* el Lama Tsongkhapa dice:

Las apariencias son infalible relación dependiente;
La vacuidad está libre de afirmaciones.
Mientras estos dos conocimientos estén vistos como algo separado, uno no ha alcanzado todavía el objetivo de Buda.[59]

Hasta que alcancemos la Budeidad serán mentes separadas, pero lo importante es que se complementen la una a la otra, que la mente que comprende la relación dependiente complemente a la mente que comprende el vacío y viceversa. Una mente sostiene a la otra, haciéndose más fuertes y más profundo su conocimiento.

Buda enseñó el vacío a través del origen dependiente. Dijo que las cosas y los acontecimientos están vacíos de existencia inherente porque existen de forma dependiente. Esto es lo más importante. De todas las razones lógicas usadas para probar que las cosas y acontecimientos están vacíos de existencia inherente, la mejor de todas es la razón del origen dependiente. Por eso se le llama *el rey de los razonamientos*.

En la cita de la página 138, Nagarjuna dice que Buda enseñó el vacío por medio del origen dependiente. "Aquello que está vacío se origina de forma dependiente, y lo he llamado el camino medio." Otra traducción de este verso usa las palabras "designado de forma dependiente" que hace referencia al tercer nivel del origen dependiente. "Designado" significa mera imputación, un simple nombre, una mera nominación, así que esto excluye los dos primeros niveles. Por lo tanto este nivel de la designación de forma dependiente es el camino medio y no los otros dos niveles. El Lama Tsongkhapa dice en *Lamrim Chenmo*:

Por lo tanto aquellos que son inteligentes deberían desarrollar la firme convicción de que el significado del vacío es el significado del origen dependiente. Esto se ha enseñado en las escrituras definitivas y en los excelentes textos madhyamaka, aquellos que comentan el significado pretendido de las escrituras definitivas.[60]

Es importante decir que estas enseñanzas provienen de los sutras definitivos. Las verdaderas enseñanzas de Buda se dividen en dos, los sutras definitivos que se tienen que tomar en sentido literal, y los interpretativos que tienen que ser interpretados como un mensaje particular para una audiencia en concreto en un momento concreto. Si tomamos estos últimos al pie de la letra, estaríamos malinterpretando su significado profundo. Como vimos al principio de este libro, muchas de las enseñanzas del primer giro de la rueda del Dharma hablan como si las cosas existieran de forma inherente, no porque Buda quisiera engañar a la audiencia, sino para ayudar mejor a esa audiencia en concreto en ese determinado momento. Aquí, sin embargo, el Lama Tsongkhapa afirma que los sutras en los que Buda enseñó el vacío y el origen dependiente son escrituras definitivas. Esto significa que hay una clara y profunda convergencia entre el origen dependiente y el vacío. Cuando decimos vacío deberíamos inferir el origen dependiente.

Estos dos mundos que parecían separados convergen en uno. La verdad convencional y la verdad absoluta se han mezclado porque el origen dependiente es el mundo convencional y al mismo tiempo el origen dependiente implica el vacío, el mundo final.

Conclusión

La visión del vacío no es simplemente un conocimiento filosófico sino más bien una herramienta que se usa para destruir la raíz de la existencia cíclica. Es lo que nos va a llevar finalmente hacia la Liberación. Ese es el principal punto. Para poder alcanzar este conocimiento de la ausencia de existencia intrínseca, necesitamos esa visión superior o vipassana, pero no de cualquier clase –se necesita la vipassana que comprende el vacío. Este poderoso entendimiento se desarrolla a través de la meditación analítica. A veces se le llama la mente del análisis último.

La raíz del samsara, llamada ignorancia fundamental o aferramiento a la existencia intrínseca, no es una mera mente que no sabe. Es más bien un estado cognitivo activo que *mal* interpreta. Para contrarrestar esa mente activa engañosa necesitamos una mente activa no engañosa. Teniendo simplemente una mente pasiva no se nos proporcionaría un antídoto efectivo porque por mucho que apartes a la mente de sus actividades mentales, nunca podrá tener el poder suficiente como para minar nuestra ignorancia fundamental.

Lo que necesitamos es la sabiduría que comprende el vacío, la cual tiene muchos niveles diferentes, desde el primer estadio que implica solo una comprensión deductiva, pasando por los niveles de la experiencia, hasta llegar al final a los niveles más profundos de la comprensión del vacío que son más intuitivos, libres del estado conceptual.

La ignorancia fundamental desconoce cómo son las cosas, y sólo una mente activa puede contrarrestar eso. Y cuando esta mente activa, intuitiva y analítica se combina con una concentración meditativa profunda, se forma un poderoso antídoto contra la ignorancia fundamental.

Esto es todo sobre el estudio del vacío. Intentar identificar los diferentes niveles del mal entendimiento de la yoidad, analizar cómo existe este "mero yo" e identificar el objeto de negación, y finalmente intentar comprender el vacío –ninguno de estos puntos son meras visiones filosóficas. Es lo que hay que usar para contrarrestar la raíz del samsara, para destruir la raíz de las aflicciones.

Como ya he dicho, el Lama Tsongkhapa comenzó la sección *Visión Superior* de su *Lamrim Chenmo* con la permanencia apacible o *shamatha*, después continuó con la visión superior o *vipassana*. Esto nos indica que para contrarrestar la raíz del samsara –nuestra ignorancia fundamental, la raíz del aferramiento a lo autoexistente o aferramiento a la existencia inherente o intrínseca, no importa el término que usemos– necesitamos definitivamente una mente que esté en un estado meditativo profundo pero que al mismo tiempo tenga un elemento analítico fuerte, que analice el vacío. A través de este proceso, podemos hacer que la mente profundice mucho más hasta alcanzar la realización directa del vacío, lo cual nos llevará al Nirvana o a la Iluminación completa.

Lo que al principio parecía ser un tema demasiado intelectual o esotérico, en realidad es un tema de vital importancia. Esta mente activa que comprende el vacío es la herramienta más importante que tenemos para eliminar la raíz de la causa de la existencia cíclica.

Sutra del corazón de la perfección de la sabiduría[61]

(Ârya-bhagavatî-prajñapâramitâ-hridaya-sûtra)

Esencia de la Perfección de la Sabiduría.

Una vez así lo escuché: el Ser Bienaventurado moraba en Rayagribha, en la montaña Banda de Buitres, junto con una gran asamblea de monjes y una gran asamblea de bodhisatvas. En aquel tiempo el Ser Bienaventurado estaba absorto en la concentración que examina los innumerables aspectos de los fenómenos llamada "percepción de lo profundo".

Mientras tanto, el Superior Avalokiteshvara, el Bodhisatva, el Gran Ser, observaba perfectamente el sentido de la profunda perfección de la sabiduría y vio que estos cinco agregados son también vacíos de existencia inherente.

Entonces, por medio del poder de Buda, el Venerable Shariputra preguntó al Superior Avalokiteshvara, el Bodhisatva, el Gran Ser: "¿Cómo debería adiestrarse el hijo del linaje que desea practicar la profunda perfección de la sabiduría?"

El Superior Avalokiteshvara, el Bodhisatva, el Gran Ser, respondió así al Venerable Shariputra: "Shariputra, cualquier hijo o hija del linaje que desee practicar la profunda perfección de la sabiduría debería observar las cosas de este modo: debería observar correctamente que estos cinco agregados también están vacíos de existencia inherente.

La forma es vacuidad, la vacuidad es forma. La vacuidad no es otra que la forma, la forma no es otra que la vacuidad. Asimismo, la sensación, el discernimiento, los factores composícionales y la consciencia son vacíos.

Shariputra, así todos los fenómenos son vacíos. No tienen características. No son producidos y no cesan. No tienen máculas ni están libres de ellas. No tienen decrecimiento ni crecimiento.

Por tanto, Shariputra, en la vacuidad no hay forma, ni sensación, ni discernimiento, ni factores composicionales, ni consciencia. No hay ojo, ni oído, ni nariz, ni lengua, ni cuerpo, ni mente, ni forma, ni sonido, ni olor, ni sabor, ni objeto tangible, ni fenómeno. No hay constituyente del ojo, ni constituyente de la mente, ni siquiera constituyente de la consciencia mental. No hay ignorancia ni extinción de la ignorancia. Ni envejecimiento, ni muerte, y ni siquiera extinción del envejecimiento ni de la muerte. Así mismo, no hay sufrimiento, ni origen, ni cesación, ni sendero, ni sabiduría excelsa, ni logro y tampoco no logro.

Por tanto, Shariputra, porque no hay logro, los bodhisatvas dependen y permanecen en la perfección de la sabiduría; puesto que sus mentes no tienen obstrucciones, carecen de miedo. Pasando totalmente más allá de toda visión errónea, logran el nirvana final.

Todos los Budas de los tres tiempos han despertado totalmente a la Iluminación completa, perfecta e insuperable, apoyándose en la perfección de la sabiduría.

Por tanto, el mantra de la perfección de la sabiduría, el mantra del gran conocimiento, el mantra insuperable, el igual al inigualable mantra, el mantra que pacifica por completo todo el sufrimiento, puesto que no es falso, ha de conocerse como la verdad. El mantra de la perfección de la sabiduría es proclamado:

Tayata(Om) Gate Gate Paragate Parasamgate Bodhi Soha.

(Es así, vete, vete, vete más allá, vete del todo más allá. Establécete en la Iluminación).

Shariputra, el Bodhisatva, el Gran Ser, ha de adiestrarse de este modo en la profunda perfección de la sabiduría."

Entonces, el Ser Bienaventurado surgió de aquella concentración y dijo al Superior Avalokiteshvara, el Bodhisatva, el Gran Ser, que había hablado bien: "Bien, bien, ¡oh hijo de buen linaje! Así es. Hijo de buen linaje así es: la profunda perfección de la sabiduría ha de practicarse de esa manera que has revelado. Incluso los Tathagatas se regocijarán".

Cuando el Ser Bienaventurado dijo estas palabras, el Venerable Shariputra, el Superior Avalokiteshvara, el Bodhisatva, el Gran Ser, y aquel círculo completo de discípulos, junto con los seres mundanos, dioses, humanos, semidioses y espíritus, quedaron deleitados y alabaron grandemente las palabras del Ser Bienaventurado.

GLOSARIO

ABHIDHARMA (Skt.): Una de las tres "cestas" de las enseñanzas de Buda. Compendio de enseñanzas sobre metafísica y sabiduría

AGREGADOS, LOS CINCO: la división tradicional budista del cuerpo y la mente. Son la forma, las sensaciones, el discernimiento, los factores composicionales y la consciencia

ANATMAN (Skt.) *ausencia de existencia propia, intrínseca*; la explicación del Buda sobre la ausencia de existencia intrínseca, contrario a la anterior doctrina no budista del *atman*.

ARHAT (Skt.): un estudiante que ha alcanzado el estado de no más aprendizaje en el vehículo de Liberación individual.

ARYA (Skt.): un ser superior, que ha alcanzado la comprensión directa del vacío.

ATMAN (Skt.): *Ver* anatman.

BHIKSHU (Skt.): (*gelong* tibetano) monje que ha recibido todos los votos.

BODHICHITTA (Skt.): la mente que de forma espontánea desea alcanzar la Iluminación para ayudar a los demás; de corazón totalmente abierto y entregado.

BODISATVA (Skt.): alguien cuya práctica espiritual se dirige hacia la consecución de la Iluminación por el bien de todos los seres; alguien que posee la motivación compasiva de la bodhichita.

BODISATVAYANA (Skt.): el vehículo del bodisatva, o su camino.

BUDA, EL (Skt): el buda histórico, Sakyamuni.

BUDA, UN (Skt.): un ser totalmente Iluminado: alguien que ha conseguido eliminar todos los velos que oscurecían la mente y que ha desarrollado todas las buenas cualidades del camino a la perfección; la primera de las Tres Joyas del refugio.

BUDADHARMA (Skt.): las enseñanzas de Buda.

CUATRO NOBLES VERDADES, LAS: el tema del primer discurso de Buda; las cuatro nobles verdades son: la verdad del sufrimiento, la verdad del origen del sufrimiento, la verdad del cese del sufrimiento, y la verdad del camino que lleva al cese del sufrimiento.

DHARMA (Skt.): literalmente "aquello que te sostiene y evita el sufrimiento)"; a menudo se refiere a las enseñanzas de Buda, pero en sentido general a cualquier cosa que ayude al estudiante a conseguir la Liberación; la segunda de las tres joyas del refugio.

DUKKHA (Skt.): sufrimiento, el sujeto de las cuatro nobles verdades (ver "las cuatro nobles verdades"). Una traducción más literal puede ser "insatisfacción".

EL NOBLE ÓCTUPLO SENDERO: el discurso de Buda en el que explica las distintas características que debemos desarrollar para conseguir la Liberación del sufrimiento; estas son recto lenguaje, recta acción, recto medio de vida, recto esfuerzo, recta atención, recta concentración, recto entendimiento y recto pensamiento.

EXISTENCIA CÍCLICA: ver *samsara*.

EXISTENCIA INHERENTE: que existe por sí mismo, sin depender de causas y condiciones.

GUELUG (Tib.): fundada por el Lama Tsongkhapa, es una de las cuatro escuelas del budismo tibetano; las otras son Sakya, Nyingma y Kagyu.

GUESHE (Tib.): el título de profesor en la escuela Guelug, que ha completado la formación más extensa tanto monástica como filosófica.

GOMPA: término del budismo occidental tibetano para la sala de meditación; derivado de la lengua tibetana (Skt. *aranya*) que indica un lugar aislado, un monasterio o una ermita, que esté al menos a una legua de cualquier zona habitada.

GURU PUJA (Skt.): (Tib. *Lama Chöpa*) ceremonia que se realiza dos veces al mes para ensalzar al guru, en la tradición Guelug al Lama Tsongkhapa.

HUELLA (IMPRESIÓN) KÁRMICA (Tib. *Pakchak*): energía o predisposición causada por un acto mental en la corriente mental, que va a permanecer hasta que produzca un resultado o que se purifique.

KADAM (Tib.): esta tradición del budismo en el Tíbet la fundó Atisha en el siglo once; fue integrada dentro de las cuatro tradiciones del budismo tibetano.

KARMA (Skt.): literalmente "acción"; la ley natural de causa y efecto en la que las acciones positivas producen felicidad y las negativas producen sufrimiento.

LAMA TSONGKHAPA (1357-1419): un importante erudito tibetano y Maestros tántrico que fundó la tradición Guelug.

LAMRIM (Tib.): el camino gradual hacia la Iluminación; la presentación progresiva de las enseñanzas de Buda planteadas primeramente por la escuela Guelug del budismo tibetano.

LAMRIM CHENMO (Tib.): *Grandes Etapas del Sendero*; el extenso texto de lamrim escrito por el Lama Tsongkhapa.

LO JONG: (Tib.): ejercicio mental, técnica de meditación radical que transforma el egoísmo en camino a la Iluminación.

MADHYAMAKA (Skt): el camino medio; la más elevada de las cuatro escuelas filosóficas budistas que se enseñan en los monasterios tibetanos.

MADHYAMIKA (Skt): proponente de la filosofía Madhyamaka.

MAHAYANA (Skt.): literalmente, el gran vehículo; una de las dos principales divisiones del budismo. Practicado inicialmente en el Tíbet, Mongolia, China, Vietnam, Corea y Japón, el budismo mahayana enfatiza la bodhichitta, la sabiduría que comprende el vacío y la Iluminación completa.

MOKSHA (Skt): Liberación.

NATURALEZA DEPENDIENTE: el origen que depende de causas y condiciones.

NIRVANA (Skt.): la Liberación; un estado de libertad de todos los engaños y del karma, y por lo tanto de la existencia cíclica (*samsara*).

OYENTE: (Skt. shravaka): practicante en el camino a la liberación individual, capaz de lograr la Liberación gracias a escuchar enseñanzas (a diferencia del realizador solitario).

PALI: el lenguaje indio antiguo usado en los primeros textos canónicos budistas.

PARANIRVANA: (Skt.): el estado que alcanzó Buda a su muerte.

VISIÓN SUPRAMUNDANA: visión capaz de contrarrestar directamente la raíz del aferramiento a la existencia intrínseca, que es la raíz de todas las aflicciones (lo opuesto a visión "mundana" que puede lidiar con otras aflicciones pero no con la raíz).

PERFECCIONES, LAS SEIS: (Skt. *Paramita*); seis prácticas "que te perfeccionan". Son las siguientes: generosidad, ética, paciencia, esfuerzo alegre, concentración y sabiduría.

PRACTICANTE DE LA LIBERACIÓN INDIVIDUAL: el que practica el camino hacia la Liberación (que contrasta con el practicante del vehículo universal que está en el camino de la Iluminación).

PRACTICANTE DEL VEHÍCULO UNIVERSAL: Practicante del camino mahayana, que conduce a la Iluminación.

PRAJÑAPARAMITA (Skt.): la perfección (*paramita*) de la sabiduría (*prajña*); la compilación de los sutras mahayana que enseñan de forma explícita el vacío mientras que de forma implícita enseñan los caminos del bodhisatva. Un ejemplo es *The Heart Sutra*.

PRASANGIKA MADHYAMAKA (Skt.): la escuela de la consecuencia del camino medio; la superior de las dos divisiones madhyamaka.

PRATYEKABUDDHA (Skt): realizador solitario, seguidor del camino de la Liberación individual que llega al nirvana sin la ayuda de ningún Maestro (ver también oyente, shravaka).

REALIZADOR SOLITARIO (Skt. *Pratyekabuddha*): el que consigue la Liberación del sufrimiento a través de la práctica en solitario, sin escuchar enseñanzas. *Ver también* oyente.

REINOS, LOS TRES: los tres estados de existencia donde residen los seres sensibles, el reino del deseo (el sistema de nuestro mundo), el reino de la forma, y el reino sin forma.

SAMADHI (Skt.): el estado de equilibrio meditativo.

SAMSARA (Skt.): existencia cíclica, la situación de volver a nacer de forma repetida debido a los engaños y al karma.

SANSCRITO: la antigua lengua de la India en la que se escribieron la mayoría de los textos mahayana.

SAUTRANTIKA (Stk.): la escuela del sistema del sutra, la segunda de las cuatro escuelas filosóficas budistas; una de las dos escuelas realistas.

SELLOS, LOS CUATRO: los principios básicos del budismo, también denominados *las cuatro visiones* o *los cuatro axiomas.* Son: (1) todos los fenómenos compuestos son perecederos, (2) todas las cosas contaminadas son sufrimiento, (3) todos los fenómenos carecen de existencia intrínseca, y (4) el nirvana es la verdadera paz.

SHAMATA (Skt): el estado meditativo de concentración en un solo punto.

SHASTRA (Skt.): un clásico tratado de la India sobre las enseñanzas de Buda.

SHRAVAKA (Skt): oyente, practicante del camino de la Liberación individual que se apoya en las directrices de un Maestro para alcanzar el Nirvana (ver también realizador solitario).

SUTRA (Skt.): un discurso de Buda.

SUTRA PITAKA (Skt) una de "las tres cestas" de sutras, relativas al desarrollo de la concentración.

SUTRAYANA (Skt.): el vehículo mahayana que toma los sutras budistas como principal fuente de textos.

SVATANTRIKA MADHYAMAKA (Skt.): la escuela de la autonomía del camino medio, la primera de las dos escuelas madhyamaka, siendo la otra la prasangika.

THERAVADA (pali): una de las escuelas del primitivo pensamiento budista; el énfasis lo pone en la Liberación, más que en la Iluminación; el concepto más común en los textos tibetanos, hinayana (vehículo menor), lleva una inexacta connotación de inferioridad.

TRIPITAKA (Skt): "las tres cestas"; es la manera en que se dividen los textos canónicos budistas; son Vinaya Pitaka (relativo al comportamiento), Sutra Pitaka (relativo a la sabiduría), y Abhidharma Pitaka (relativo a la metafísica).

VAIBHASIKA (Skt.): la escuela de la gran exposición; la primera de las cuatro escuelas filosóficas budistas dentro del budismo tibetano; una de las dos escuelas realistas.

VEHÍCULO MENOR: (Skt. *Hinayana*) comúnmente llamado *theravada*.

VERDAD ENGAÑOSA: sinónimo de verdad relativa o convencional, la cual indica que aunque algo es relativamente verdad, oculta la verdad más profunda de que todas las cosas están vacías de existencia inherente.

VIPASSANA (Pali): visión superior, la mente que se une a la permanencia apacible para llegar a conocer realmente un objeto.

YOGACHARA (Skt): otra denominación para la escuela chitamatra, la tercera de las cuatro escuelas filosóficas budistas que se estudian en el budismo tibetano.

BIBLIOGRAFÍA

Dhammapada. Northumberland, UK: Auna Trust, 2006

The Middle Length Discourses of the Buddha. Trans. Bhikkhus Nanamoli and Bodhi. Boston: Wisdom Publications, 1995.

Chandrakirti. *Commentary on the Middle Way (Madhyamakavatara).* Sarnath, India: Pleasure of Elegant Sayings Press, 1978.

Introduction to the Middle Way (Madhyamakavatara). Boston: Shambhala Publications, 2002.

FPMT Prayer Book, vol I. Taos, FPMT

Gyatso, Tenzin, Su Santidad el Dalai Lama. *Transforming the Mind.* Londres: Thorsons, 2000.

The World of Tibetan Buddhism. Trans. Dr. Thupten Jinpa. Boston: Wisdom Publications, 1995

Hopkins, Jeffrey. *Meditation on Emptiness.* Boston: Wisdom Publications, 1983

Jimpa, Thubten. *Self, Reality and Reason in Tibetan Buddism: Tsongkhapa's Quest for the Middle Way.* Nueva York: Routledge Curzon, 2003.

Kamalashila. *First Stages of Meditation.* S'De dge bs Tan 'gyur "DBU MA" "KI."

Maitreya. *Ornament of Clear Realization (Abhisamayalamkara).* Sarnath, India: Pleasure of Elegant Sayings Press, 1977.

mKhas grub dGe legs papal bzang. *A Dose of Emptiness. Trans.* J.I. Cabezón. Nueva York: State University of New Cork Press, 1992.

Nagarjuna. *The Fundamental Wisdom of the Middle Way (MuLamadhyamakakarika).* Trans. Jay Garfield. Nueva York: Oxford University Press, 1995

Napper, Elizabeth. *Dependent Arising and Emptiness.* Boston: Wisdom Publications, 1989.

Rabten, Geshe. *Song of the Profound View.* Trans. Stephen Batchelor. Boston: Wisdom Publication, 1989.

Rahula, Walpola. *What the Buddha Taught.* Oxford: Oneworld Publications, 1959.

Shantideva. *A Guide to the Bodhisattva's Way of Life (Bodhisattvacharyavatara).* Trans. Stephen Batchelor. Dharmasala, India: Library of Tibetan Works and Archives, 1979.

Tsering, Tashi. *The Awakening Mind.* Boston: Wisdom Publication, 2008

Las Cuatro Nobles Verdades del Buda. Ciutadella de Menorca; Ediciones Amara 2006

Nada es lo que Parece/Verdad Relativa, Verdad Absoluta. Ciutadella de Menorca. Ediciones Amara 2009

Tsongkhapa. *Great Treatise on the Stages of the Path to Enlightenment (Lamrim Chenmo)* (título del texto: *Byangchub lamrim cheba* Tso ngon edition). Zi-ling: Tso Ngon People's Press, 1985

An Ocean of Reasoning: A Great Commentary on Nagarjuna's MuLamadhyamakakarika. Trans. Jay Garfiel and Ngawang Samten. Nueva York, Oxford University Press, 2005.

The Life and Teachings of Tsong Khapa. Ed. Prof. R. Thurman. Dharamsala, India: Library of Tibetan Works and Archives, 1982.

NOTAS

1. Shantideva. *A Guide to the Bodhisattva's Way of Life*. Trans. Stephen Batchelor. (Dharmasala, India: Library of Tibetan Works and Archives, 1979), p. 130.

2. Citado en *First Stages of Meditation*. (S'De dge bs Tan 'gyur "DBU MA" "KI."), 26B.

3. Chandrakirti. *Commentary on the Middle Way (Madhyamakavatara)*. (Sarnath, India: Pleasure of Elegant Sayings Press, 1978), v. 222, p. 119.

4. Maitreya. *Ornament of Clear Realization (Abhisamayalamkara)*. (Sarnath, India: Pleasure of Elegant Sayings Press, 1977), ch. 5, p. 41.

5. Citado en *The World of Tibetan Buddhism* de Gyatso, Tenzin, Su Santidad el Dalai Lama. Trans. Dr. Thupten Jinpa. (Boston: Wisdom Publications, 1995), p. 26.

6. Ver también *The World of Tibetan Buddhism* de Gyatso, p. 25.

7. Citado en *Great Treatise on the Stages of the Path to Enlightenment (Lamrim Chenmo)* de Tsongkhapa, (Zi-ling: Tso Ngon People's Press, 1985), pp. 568-9. (Todas las citas de *Lamrim Chenmo* traducidas por el autor.).

8. Los treinta y siete aspectos son: las cuatro cautelas, los cuatro completos abandonos, los cuatro factores de poderes milagrosos, las cinco facultades, los cinco poderes, las siete ramas del camino hacia la Iluminación, y el noble óctuplo sendero. El noble óctuplo sendero consiste en: discurso correcto, acciones correctas, un correcto medio de vida, esfuerzo correcto, atención apropiada, correcta concentración, visión correcta y pensamiento correcto. Para ver cómo encaja el noble óctuplo sendero dentro de los tres entrenamientos, el de la ética, el de la concentración y el de la sabiduría hay que dirigirse a *Las Cuatro Nobles Verdades del Buda* de Geshe Tashi Tsering (Ciutadella de Menorca: Ediciones Amara, 2006).

9.   Tsongkhapa, *Lines of Experience*, de The *Life and Teachings of Tsong Khapa*, ed. Prof. R. Thurman (Dharamsala, India: Library o Tibetan Works and Archives, 1982), p. 63.

10.   Tsongkhapa. *Great Treatise on the Stages of the Path to Enlightenment (Lamrim Chenmo)* (Ithaca, Nueva York: Snow Lion Publication, 2002).

11.   Tsongkhapa, *Lamrim Chenmo*, Ziling edition, p. 488.

12.   Citado en *Lamrim Chenmo* de Tsongkhapa, Ziling edition, p. 496.

13.   *Lamrim Chenmo* de Tsongkhapa, p. 507.

14.   Ibid., p. 510.

15.   Citado en *Lamrim Chenmo* de Tsongkhapa, Ziling edition, p. 471.

16.   *Lamrim Chenmo* de Tsongkhapa, p. 551.

17.   Ibid., p. 481.

18.   Encontramos los cuatro sellos en los textos budistas de Mahayana, pero en los textos en pali anteriores, como *Dhammapada*, sólo podemos encontrar tres marcas; la última (el nirvana es la paz verdadera) no está incluida. Las *marcas* y los *sellos* tienen las mismas connotaciones.

19.   Para más información sobre los cuatro sellos, ver *Transforming the Mind* de Tenzing Gyatso (Londres: Thorsons, 2000), pp. 20-32.

20.   Rahula, Walpola. *What the Buddha Taught.* (Oxford: Oneworld Publications, 1959.) p. 57.

21.   *Dhammapada.* (Northumberland, UK: Auna Trust, 2006) versos 277-79, pp. 95-6.

22.   Esta idea no está universalmente aceptada por la corriente madhyamaka. Bhavaviveka, por ejemplo, afirma que la Liberación individual se puede conseguir sin la visión de la ausencia de existencia intrínseca descrita por la escuela Madhyamaka.

23.   Citado en *Lamrim Chenmo* de Tsongkhapa, Zilina edition, p. 575.

24.   Los cinco agregados (Skt. skandhas) constituyen la forma en la que nuestro cuerpo y mente están catalogados por el budismo. Son la forma (el componente del cuerpo), la sen-

sación, el discernimiento, los factores composicionales, y la consciencia (los componentes de la mente). Ver *Las Cuatro Nobles Verdades* de Gueshe Tashi Tsering.

25. Citado en *Self, Reality and Reason in Tibetan Buddhism* de Thupten Jinpa, (Nueva York: Routledge Curzon, 2003), p. 76.

26. Los Maestros svatantrika usan el término *consciencia sin defectos* para explicar cómo una consciencia sensorial que no está manchada por las causas inmediatas (como un ojo con ictericia que ve amarillo) percibe correctamente los objetos.

27. Aquí puede parecer confuso que el sentido del "yo" pueda ser visto como el vacío de los fenómenos. Deberíamos recordar que para la svatantrika el vacío de las personas y el vacío de los fenómenos se basan en el punto de vista del perceptor, no en el objeto en sí. Cuando el sentido del "yo" es el objeto del análisis último, y no se puede encontrar con ese análisis, es lo que llamamos el vacío de los fenómenos asociado al "yo".

28. Tsongkhapa, *Lamrim Chenmo*, Ziling edition, p. 697.

29. Ibid., p. 719.

30. Ibid., p. 703.

31. Ibid., p. 623.

32. Citado en Tsongkhapa, *Lamrim Chenmo*, Ziling edition, p. 766.

33. Tsongkhapa, *Lamrim Chenmo*, Ziling edition, p. 766.

34. Ibid., p. 767.

35. Ibid., p. 766.

36. Ibid., p. 651.

37. Ibid., p. 652.

38. Ibid., pp. 659-660.

39. Tsongkhapa, *Lamrim Chenmo*, Ziling edition, p. 607.

40. Ibid., pp. 661-2.

41. Citado en Tsongkhapa, *Lamrim Chenmo*, Ziling edition, p. 720.

42. Tsongkhapa, *Lamrim Chenmo*, Ziling edition, p. 731.

43. Ibid., p. 739.

44. Ibid., p. 721.

45. Ibid., p. 741.

46. Citado en Tsongkhapa, *Lamrim Chenmo*, Ziling edition, p. 753.

47. Chandrakirti. *Commentary on the Middle Way (Madhya-makavatara)*. (Sarnath, India: Pleasure of Elegant Sayings Press, 1978.), capítulo 6.

48. Tsongkhapa, *Lamrim Chenmo*, Ziling edition, p. 742.

49. *Bahudhatuka Sutta*, estrofa II, *The Middle Length Discourses of the Buddha*, trans. Bhikkhus Nanamoli and Bodhi (Boston: Wisdom Publications, 1995), p. 927. Estas líneas también están establecidas en otros lugares como en la estrofa 7 de *Culaskuludayi Sutta* (p. 655) y en las estrofas 19 y 22 de *Mahatanhasankhaya Sutta* (pp. 355 y 357).

50. Nagarjuna, *Precious Garland*, estrofa 48. Citado en *Meditation on Emptiness Yoga* de Jeffrey Hopkins (Boston: Wisdom Publication), 1983, p. 673.

51. Tsering, Tashi. *The Awakening Mind*. (Boston: Wisdom Publication, 2008), p. 70.

52. Este tema se desarrolla de forma extensa en *Nada es lo que Parece/Verdad Relativa, Verdad Absoluta* Gueshe Tashi Tsering (Ciutadella de Menorca: Ediciones Amara, 2009).

53. Chandrakirti, *Clear Words*, citado en Dependent Arising and Emptiness de Elizabeth Napper (Boston: Wisdom Publication, 1989), p. 189.

54. Nagarjuna, *The Fundamental Wisdom of the Middle Way*, trans. Jay L. Garfield, estrofas 14 y 15 (tomado de *www.aaari.info*, extractos de "*The Fundamental Wisdom of the Middle Way Nagarjuna's MuLamadhyamakakarika*," Oxford University Press, 1995, acceso del 15 de Mayo de 2008).

55. "Negación no afirmativa" significa que es negativa y a la vez no implica algo positivo, al contrario que una afirmación negativa que es negativa pero implica algo positivo, como en "mi amigo no es hembra" implica que es macho.

56. Tsongkhapa, *The Three Principle Aspects of the Path*, tomado de FPMT Prayer Book, vol. I.

57. *Lama Chöpa (The Guru Puja)*, FPMT, estrofa 108.

58. Tsongkhapa, *The Three Principle Aspects of the Path*, tomado de FPMT Prayer Book, vol. I.

59. Ibid.

60. Tsongkhapa, *Lamrim Chenmo*, Zilin edition, p. 591.

61. De FPMT Prayer Book, vol. I.

ÍNDICE ANALÍTICO

C

D

J

K

L

M

N

U

último, 26, 76, 77, 87, 89, 98, 101, 130, 139, 142, 146

V

Y

FUNDAMENTOS DEL PENSAMIENTO BUDISTA

Los Fundamentos del Pensamiento Budista es un curso de dos años de duración de estudios budistas creado por Gueshe Tashi Tsering del Centro Budista Jamyang de Londres. El programa estudia la profundidad de la filosofía del budismo tibetano para ejemplificar cómo el budismo puede afectar verdaderamente el modo de vida que llevamos. *Los Fundamentos del Pensamiento Budista* son parte del estudio esencial de la Fundación para la preservación de la Tradición Mahayana (FPMT). Este curso se puede realizar o bien asistiendo al centro o por correspondencia. Consta de los siguientes seis módulos:

1. • Las Cuatro Nobles Verdades
2. • La Verdad Relativa, la Verdad Última
3. • Estudio de la Mente/Psicología Budista
4. • La Mente del Despertar
5. • El Gran Vacío
6. • El Tantra

Además de estar relacionado con cada libro, cada módulo incluye aproximadamente quince horas de enseñanzas de audio editadas de manera profesional en formato CD, MP3 o cintas de audio, extraídas del curso que Gueshe Tashi impartió en Londres entre 2001 y 2003. Este material de audio se utiliza juntamente con una serie de meditaciones guiadas que permiten explorar cada uno de los temas en profundidad. Cada estudiante también es parte de un grupo de estudio conducido por un tutor que plantea una serie de debates dos veces al mes, ayudando al estudiante a trasladar esos temas a la vida a través del diálogo activo con otros miembros del grupo. Los trabajos y los exámenes también son parte esencial del currículum. Esta mezcla de lectura, meditación, debate y escritos se asegura de que cada uno de los estudiantes obtendrá un entendimiento y un dominio de esos conceptos profundos e importantes. Un aspecto vital del curso es el énfasis que pone Gueshe Tashi en el modo en el que esos temas afectan a nuestra vida diaria. Incluso un tema filosófico, como la verdad relativa y la verdad última, se estudia desde la perspectiva de las decisiones que tomamos a diario, y el modo en el que empezamos a desarrollar un método más realista de vivir de acuerdo con los principios del pensamiento budista.

"Realmente te cambia la vida. De repente, han encajado todas las piezas del rompecabezas que era el Dharma". *Un estudiante del curso.*

Para más información sobre *Los Fundamentos del Pensamiento Budista*, por favor, visite nuestra página web en *www.buddhistthought*.org. Para más información sobre los programas de estudio del FPMT, por favor, visite *www.fpmt.org*.

Las cuatro verdades nobles de Buda

Fundamentos del pensamiento budista. Volumen 1. 210 páginas Gueshe Tashi Tsering. ISBN, 84-95094-17-7. Ediciones Amara

Este volumen proporciona una presentación completa de la obra seminal de Buda, Las Cuatro Verdades Nobles, que resumen los principios fundamentales de la perspectiva budista. Son una estructura esencial para comprender todas las demás enseñanzas de Buda.

Estudio de la Mente/Psicología Budista

Fundamentos del Pensamiento Budista, Volumen 3. Gueshe Tashi Tsering. 192 páginas ISBN 978-84-95094-26-1

Psicología Budista se centra en la naturaleza de la mente y en cómo sabemos lo que sabemos. De la misma forma en que los científicos observan y catalogan el mundo material, los budistas durante siglos han estado observando y catalogando los componentes de nuestra experiencia interior. El resultado es un conocimiento rico y sutil que se puede utilizar en el objetivo de incrementar el bienestar de la humanidad.

Nada es lo que Parece. Verdad Relativa, Verdad absoluta.
Fundamentos del Pensamiento Budista, Volumen 2. Gueshe Tashi Tsering. 192 páginas ISBN 978-84-95094-34-6

La enseñanza budista de "las dos verdades" es la llave para la comprensión de la, a menudo malinterpretada, filosofía del vacío. Este volumen es una excelente herramienta de apoyo para aquellos que estén interesados en desarrollar una comprensión más integral y dinámica del mundo que les rodea y por consiguiente de su propia consciencia

Wisdom Publications, una editorial sin fines lucrativos, se dedica a hacer posibles los trabajos budistas auténticos para el beneficio de todos. Publicamos traducciones de los sutras y los tantras, comentarios y enseñanzas de Maestross budistas del pasado y del presente, y los trabajos originales de los principales eruditos budistas del mundo. Publicamos nuestros títulos mostrando el budismo como una filosofía viva y con el compromiso especial de preservar y de transmitir los trabajos importantes de las principales tradiciones budistas.

Para más información sobre Wisdom, o para hojear libros online, visite nuestra página web en wisdompubs.org. Puede solicitar una copia de nuestro catálogo por mail o escribiendo a: Wisdom Publications 199 Elm Street Somerville, Massachusetts 02144 USA.

Teléfono: (617) 776-7416 – Fax: (617) 776-7841
Email: *info@wisdompubs.org www.wisdompubs.org*

LA FUNDACIÓN WISDOM
Como editorial sin ánimo de lucro, Wisdom se dedica a la publicación de libros de calidad sobre el Dharma para

el beneficio de todos los seres sensibles y depende de la generosidad de patrocinadores para poder hacerlo. Si está interesado en hacer una donación a Wisdom, por favor hágalo a través de nuestra oficina de Somerville. Si prefiere patrocinar la publicación de un libro, por favor escriba o envíe un email a la dirección proporcionada arriba. Wisdom es una organización no lucrativa, benéfica 501 (c) (3) afiliada a la FPMT.

www.ingramcontent.com/pod-product-compliance
Lightning Source LLC
LaVergne TN
LVHW010332200726
843507LV00010B/1455